Wüstenrot Stiftung (Hrsg.)

RAUMPILOT
WOHNEN

Walter Stamm-Teske

Katja Fischer

Tobias Haag

kraemerverlag

Die Publikationsreihe „Raumpilot" besteht aus insgesamt vier Bänden:

Raumpilot Grundlagen	Thomas Jocher, Sigrid Loch
	Institut Wohnen und Entwerfen, Universität Stuttgart
	ISBN 978-3-7828-1525-3
Raumpilot Arbeiten	Markus Gasser, Carolin zur Brügge, Mario Tvrtković
	Professur Entwerfen und Siedlungsentwicklung, Technische Universität Darmstadt
	ISBN 978-3-7828-1526-0
Raumpilot Lernen	Arno Lederer, Barbara Pampe
	Institut für Öffentliche Bauten und Entwerfen, Universität Stuttgart
	ISBN 978-3-7828-1527-7
Raumpilot Wohnen	Walter Stamm-Teske, Katja Fischer, Tobias Haag
	Professur Entwerfen und Wohnungsbau, Bauhaus-Universität Weimar
	ISBN 978-3-7828-1528-4

Herausgeber
Wüstenrot Stiftung, Ludwigsburg

Redaktion, Konzept und Gestaltung Band Wohnen
Prof. Walter Stamm-Teske, Katja Fischer, Tobias Haag

Gesamtlayout Buchreihe „Raumpilot"
Sigrid Loch, Tobias Haag

Druck: RöslerDruck GmbH, Schorndorf
Printed in Germany
ISBN 978-3-7828-1528-4

Inhaltsverzeichnis

Die Arbeits-, Lebens-, Organisations- und Wirtschaftsformen haben sich in den letzten Jahrzehnten nicht nur in Deutschland erheblich verändert. Kulturelle, technische und wirtschaftliche Entwicklungen und Globalisierungsprozesse sowie gewandelte Anforderungen, Präferenzen und Werthaltungen gehören zu den wichtigsten Ursachen für diese Veränderungen. Inzwischen werden dadurch auch neue Orientierungen in der räumlich-baulichen Konzeption und in der Organisation der Gebäude erforderlich, um den damit verbundenen Auswirkungen auf die vorherrschenden Nutzungsformen entsprechen zu können.

Zu beobachten ist dieser Prozess in nahezu allen Lebensbereichen; deutlich wird er beispielsweise in einer gewandelten Nachfrage nach differenzierten Wohnungen und Wohngebäuden, in modifizierten Anforderungen an die Gestaltung von Kindergärten, Schulen und anderen Bildungseinrichtungen, in Industrie- und Gewerbebauten, die unter den Bedingungen eines verschärften ökonomischen Wettbewerbs einem besonderen Anpassungsdruck unterliegen, oder in den Wirkungen neuer Konsum- und Freizeitmuster sowohl auf Gebäude als auch auf öffentliche Räume. Besonders auffällig werden die Veränderungen an neuen Kombinationen unterschiedlicher Gebäudenutzungen, an veränderten Nutzungszyklen und an den Verbindungen des Wohnens mit modernen, leicht integrierbaren Dienstleistungen.

Angesichts signifikant wachsender internationaler Einflüsse und Marktorientierungen greifen eine klassische Gebäudelehre und damit auch die herkömmliche Vermittlung von Raum- und Organisationskonzepten nur noch begrenzt. Parallel zu einer gebäudetypologischen Betrachtung treten die ausgeübten Tätigkeiten und die mit ihnen verbundenen Anforderungen stärker in den Vordergrund. Die Gebäudelehre muss, um auf diese Veränderungen adäquat reagieren zu können, intensiver als bisher auf die grundlegenden Anforderungen ausgerichtet werden, die sich aus den verschiedenen Tätigkeiten ergeben. Neue Schwerpunkte in der Vermittlung der

Grundlagen von Architektur und Gestaltung sind ergänzend hierzu unverzichtbar.

Die Wüstenrot Stiftung hat auf eine Initiative von Prof. Dr. Thomas Jocher hin gemeinsam mit einem Kreis von engagierten Hochschullehrern verschiedener Universitäten in einem Forschungsprojekt die Frage aufgegriffen, mit welchen neuen Impulsen und Strukturen in der Ausbildung der Architekten auf diese Veränderungen reagiert werden kann. Ziel dabei ist es, die Studierenden besser auf sich wandelnde Anforderungen an ihre Berufsgruppe vorzubereiten und zugleich das kreative Entwerfen auch angesichts neuer Herausforderungen und Leistungsprofile weiterhin in den Mittelpunkt der Ausbildung stellen zu können. Zentrales Kriterium für eine erfolgreiche, zukunftsgerichtete Ausrichtung ist in diesem Sinne die Fähigkeit, in einen kreativen, künstlerischen Entwurfsvorgang eine wachsende Zahl an zu beachtenden Rahmenbedingungen zu integrieren und dabei zugleich die Qualität der einzelnen Komponenten aufrecht erhalten zu können.

Entstehen sollen funktional und ökonomisch nachhaltige Gebäude, deren Eignung und Qualität vor allem in der Fähigkeit bestehen, auch weiterhin sich kontinuierlich verändernden Bedingungen und Einflussfaktoren entsprechen zu können. Dieser Anspruch kann in einer kreativen Entwurfsleistung nur dann eingelöst werden, wenn als Grundlage der Kreativität ein klares Konzept der wichtigsten Elemente einer Bauaufgabe verfügbar ist – im technischen und wirtschaftlichen sowie in wachsendem Maße auch im gesetzlichen Bereich. Es war ein Anliegen der Wüstenrot Stiftung, mit ihren Möglichkeiten einen Beitrag dafür zu leisten, dass in dieser Hinsicht für einige ausgewählte Bereiche der Gebäudelehre ein erster Schritt getan werden konnte, und zwar in Form einer Aufbereitung von Aufgaben und Lösungsvorschlägen, die den genannten Kriterien folgen kann. Sie hat hierzu ein Forschungsprojekt initiiert, das auf Wunsch der beteiligten Hochschullehrer den programmatischen Titel „Raumpilot" erhalten hat.

Vorwort der Wüstenrot Stiftung

Das Forschungsprojekt „Raumpilot" der Wüstenrot Stiftung konzentriert sich auf eine anschauliche, die wesentlichen Nutzungen fokussierende Darstellung der Gebäudelehre. Die daraus entstandene Publikation ist in vier Bände unterteilt. Der Band Grundlagen schafft die gemeinsame Basis für drei ergänzende Vertiefungsbände und führt in die wichtigsten Aufgaben und Themen ein.

Der Band Wohnen ist einer von drei Vertiefungsbänden, die ergänzend zum Grundlagenband wichtige Bereiche der Gebäudelehre aufgreifen. Er konzentriert sich auf den Wohnungsbau, der in all seinen Formen unter dem Einfluss weit reichender, vor allem gesellschaftlicher Veränderungen steht. Hierzu wird die Wohnung selbst in den Mittelpunkt gestellt und in insgesamt zwölf Unterkapiteln anhand von qualitätsvollen Grundrissen in allen wichtigen Facetten des Entwerfens erörtert. Eine aufwändige, einheitliche Darstellung von 101 ausgewählten Wohnungen und der über die Referenzprojekte mögliche, intensive Praxisbezug vervollständigen den gewählten Ansatz zur Vermittlung der verschiedenen Perspektiven im Entwurfsprozess. Die anderen beiden Vertiefungsbände behandeln die Themen Arbeiten und Lernen.

Die Wüstenrot Stiftung dankt allen „Raumpiloten" – Autoren, Hochschullehrern, Studierenden – für die engagierte, intensive Zusammenarbeit bei der Erstellung und Umsetzung des Konzeptes. Sie hofft damit wichtige Impulse für den kontinuierlichen Prozess der Anpassung von Form und Inhalten der Ausbildung im Fachbereich Architektur an die veränderten Rahmenbedingungen in Wirtschaft und Gesellschaft geben zu können.

Wohnungsbaulehre

Im Juli 2005 erhielten wir die Anfrage von der Wüstenrot Stiftung, uns an einem gemeinsamen Buchprojekt mit Prof. Thomas Jocher (Institut Wohnen und Entwerfen, Universität Stuttgart), Prof. Arno Lederer (Institut für öffentliche Bauten und Entwerfen, Universität Stuttgart) und Prof. Markus Gasser (Entwerfen und Siedlungsentwicklung, Technische Universität Darmstadt) zu beteiligen.

Die ursprüngliche Idee bestand darin, die praktische Lehrtätigkeit der einzelnen Fachdisziplinen in Form von geeigneten Lehrmaterialien abzubilden und damit allgemein zugänglich zu machen. In vielen gemeinsamen Arbeitstreffen entwickelte sich hieraus die Idee einer Buchreihe, die in einem Grundlagenband die faktischen Informationen der einzelnen Fachdisziplinen bündelt und darauf aufbauend in drei Bänden zu den Themen „Wohnen", „Lernen" und „Arbeiten" die jeweils spezifischen Betrachtungsweisen formuliert. Der fachliche Diskurs und die Vernetzung der Einzeldisziplinen bildeten den Gegenstand der folgenden Arbeitstreffen sämtlicher beteiligter Professuren. Dieser überaus fruchtbare Prozess der letzten Jahre führte zu dem nun vorliegenden Buch zum Thema „Wohnen".

Für uns bestand die Herausforderung, das überdimensionale Themenspektrum des Wohnens auf eine lehrbare und in Buchform kommunizierbare Größe zu kondensieren. Diese intensive Auseinandersetzung mit den Optionen der Vermittlung des Themenfelds „Wohnen" wurde letztendlich von der Analyse unserer praktischen Lehrtätigkeit geleitet. Welche Instrumente und Methoden haben sich bewährt? Was sind die geeigneten Formate der Vermittlung? Was erweist sich in der Entwurfspraxis als brauchbar?

Auch die Analyse der vorhandenen und immer vielfältiger produzierten Literatur in unserem Fachgebiet und deren unterschiedliche Akzeptanz bei den Studierenden, angefangen bei der soziologischen Arbeit bis zum reinen Bildband, bildete eine wichtige Basis zur Formulierung eines eigenen Konzepts. Aus diesem Prozess heraus fiel die Entscheidung, einen tendenziell vernachlässigten, jedoch entscheidenden Themenbereich – die Wohnung selbst – in das Zentrum der Betrachtung zu stellen. Es erscheint uns auffällig, wie die Architekturreflexion in den vielfältigen Publikationen verstärkt über das äußere Erscheinungsbild vorgenommen wird und auch die Architekturproduktion nicht selten der Gebäudehülle als wichtigem Marketinginstrument der Büros vorrangig Aufmerksamkeit schenkt. Der qualitätsvolle Grundriss und damit das eigentliche Produkt, die Wohnung, kommt dabei häufig zu kurz.

Mit der Entscheidung für die Schwerpunktsetzung auf die Wohnung stellte sich die Folgefrage nach der geeigneten Struktur und Methodik, um die Inhalte zu transportieren. Der naheliegende, wissenschaftlich-systematische Ansatz, der gerade in der Vergleichsliteratur der 1980er Jahre verfolgt wurde, erwies sich bei genauerer Betrachtung als ungeeignet, um die Vielfalt der Einflussgrößen im Wohnungsbau darzustellen. Die unternommenen Versuche der Kategorisierung von Wohnungsbauten, sei es nach städtebaulichen Typologien, morphologischen Eigenschaften oder nutzerspezifischen Kriterien, scheitern entweder an einer zu starken Abstraktion oder ihrer fachlichen Unpräzision. Als Beispiel sei hier allein die diffuse Terminologie im Wohnungsbau angeführt, bei der Begriffe wie „Mehrfamilienhaus", „städtisches Reihenhaus" oder auch „Loft" nur wenig für eine systematische Einordnung geeignet erscheinen. Die generelle Tendenz der Kategorisierung mittels des meist unpräzise verwendeten Begriffs der Typologie bietet aus unserer Sicht nicht den geeigneten Ansatz, die Vielfalt der Aspekte im Wohnungsbau fassbar zu machen.

Hieraus ergab sich der Ansatz, die entwerferische Praxis im Lehrbetrieb beziehungsweise im Büro wieder als Ausgangspunkt für die Strukturierung zu verwenden. Es geht uns um ein Spektrum von Perspektiven, mit denen im Entwurfsprozess die Aufgabe betrachtet wird. Diese einzelnen Betrachtungsweisen und deren entwerferisches Potenzial werden in insgesamt zwölf Unterkapiteln anhand von ausgewählten Grundrissen erörtert. Ähnlich der Dynamik im

Einleitung

Entwurfsprozess sind die Themen nicht linear zu verstehen, sondern bieten unterschiedliche Einstiegs- und Anregungspunkte. Den wesentlichen Inhalt bilden dabei die 101 ausgewählten Grundrisse, die – einheitlich im Maßstab 1:200 aufgearbeitet – eine direkte visuelle Vergleichbarkeit ermöglichen sollen und damit die eigentliche Sprache der Architekten repräsentieren. Um den Praxisbezug zu stärken, wurden ausschließlich realisierte Projekte, die dem Einfluss der zahlreichen weiteren Paramter im Realisierungsprozess standhalten mussten, als Referenz verwendet. Darüber hinaus bietet dies die Möglichkeit, die Projekte zum Beispiel im Rahmen von Exkursionen direkt vor Ort zu besichtigen. Für diese Zwecke wurde der Projektstandort jeweils als Information hinzugefügt. Diese Bewertung des Projekts vor Ort, in seinem spezifischen Kontext und seiner alltäglichen Nutzung, ist eine der wichtigsten Informationsquellen im Wohnungsbau. Dieser Erkenntnis wird über die dem Semester jeweils vorangestellten Exkursionen Rechnung getragen.

Der Ansatz des Wissentransfers über die systematische Aufarbeitung wichtiger Referenzprojekte wird von unserem Lehrstuhl seit vielen Jahren verfolgt und führte unter anderem zu dem circa 600 Projekte umfassenden Datenbanksystem „Innovative Wohnbauaspekte". Dieses System soll in den nächsten Jahren unter dem Titel „PlanLibre" intensiv weiterentwickelt werden.

Mit der Festlegung des Buchschwerpunkts auf die Wohnung entscheidet man sich automatisch gegen eine Vielzahl weiterer wichtiger Bereiche des Wohnungsbaus, sei es die Konfiguration des Gesamtgebäudes, der Städtebau, der Innenausbau, die Konstruktion, die Gebäudetechnik, die Soziologie und vieles mehr. Wir glauben jedoch, dass diese Bereiche durch ein umfängliches Literaturangebot derzeit relativ gut abgedeckt werden. Durch das Voranstellen des Kapitels „Kontext" beabsichtigen wir jedoch, diese Vielschichtigkeit des Themas offenzulegen und eine Sensibilisierung für die kausalen Zusammenhänge im Entwurfsprozess zu ermöglichen. In einem nachgestellten Kapitel „Projekte" werden die Projekte zusätzlich in ihrem Gesamtkontext abgebildet, um eine zweite Vertiefungsebene der Projekte des Kernkapitels „Grundriss" zu bieten. Auch hier wurden sämtliche Projekte durch neue Zeichnungen im Maßstab 1:500 und eine städtebauliche Vignette im Maßstab 1:10.000 in eine unmittelbare visuelle Vergleichbarkeit gebracht.

Wir möchten zunächst der Wüstenrot Stiftung danken, die den lang gehegten Wunsch nach einem eigenen Lehrbuch ideell und finanziell erst möglich gemacht hat und damit eine wichtige Unterstützung für unsere Lehrtätigkeit leistet. Insbesondere Herrn Dr. Stefan Krämer sei für seine Ausdauer und Übersicht ausdrücklich gedankt. Des Weiteren möchten wir uns bei den beteiligten Professuren für den intensiven Gedankenaustausch bei den gemeinsamen Arbeitstreffen bedanken. Die jeweilige Reflexion aus dem Blickwinkel der anderen Buchprojekte hat für uns eine wesentliche Bereicherung dargestellt. Ganz besonders danken wir den zahlreichen Studierenden, die im Rahmen von Seminararbeiten zum Gelingen des Buchs beigetragen haben, und unseren beiden studentischen Hilfskräften Leopold Mücke und Katrin Plescher für ihre geduldige Arbeit an den zahlreichen Zeichnungen.

Walter Stamm-Teske
Katja Fischer
Tobias Haag

Bauhaus-Universität Weimar, Professur Entwerfen und Wohnungsbau

Einleitung

Wie eingangs erwähnt, wagt das Buch das Experiment, die Frage des Wohnens von innen nach außen zu betrachten und die Wohnung über ihren Grundriss als dem wesentlichen Entwurfsgegenstand in den Mittelpunkt zu stellen. Entsprechend ist es unausweichlich, dass die übergeordneten Themen zu kurz kommen. Konzipiert als Lehrbuch, erscheint es jedoch gleichzeitig notwendig, die Komplexität der Einflussgrößen aufzuzeigen, die auf das Projekt einwirken. Dieser Kontext, in dem die Projekte entstehen, soll in fünf kurzen Kapiteln angerissen werden und zur Diskussion befähigen. Die Kapitel erheben keinen Anspruch auf Vollständigkeit, sondern beabsichtigen, wesentliche Zusammenhänge aufzuzeigen, die bei der Konzeption und Evaluierung des Entwurfs wesentlich erscheinen. Unter den Schlagwörtern „Gesellschaft", „Ökonomie", „Ökologie", „Initiatoren" und „Ort" versuchen wir einen ersten Überblick der komplexen Zusammenhänge herzustellen.

Die grundsätzlichen und radikalen Entwurfsansätze finden über eine Auseinandersetzung mit den hier aufgeführten Themenfeldern statt. Auf der Ebene des Nachdenkens über die Ausformulierung des konkreten Grundrisses (vgl. Kapitel „Grundriss") ist bereits die wesentliche konzeptionelle Entwurfarbeit geleistet. Hier bei den übergeordneten Themen stellen sich vielfältige aber grundsätzliche Fragen: Gibt es überhaupt einen Bedarf für das Projekt?

Kann ich das Projekt an dem vorgeschlagenen Standort vertreten? Für wen plane und baue ich?

Diese Ebene der Betrachtung, die den Architekten in seiner gesellschaftlichen Verantwortung herausfordert und im zunächst wirtschaftlich orientierten Geschäft des Planungsbüros unterzugehen droht, stellt eine enorme Herausforderung dar. In kaum einem anderen Berufsbild sind die Projektdimensionen und damit auch die gesellschaftlichen Auswirkungen auf einen relativ kleinen Entscheiderkreis konzentriert. Unsere eigenen Berufserfahrungen und Berichte unserer Absolventen aus den verschiedensten nationalen und internationalen Büros bestätigen diese ungeheure Verantwortung, bei der man sich als junger Entwerfer beispielsweise der Aufgabe gestellt sieht, eine Stadt für mehrere zehntausend Bewohner innerhalb relativ überschaubarer Zeit zu konzipieren. Diese Dimension veranschaulicht gleichzeitig die begrenzte Reichweite der dargestellten Themen auf den deutschsprachigen Raum und einige angrenzende Staaten. Aber selbst innerhalb Europas sind zum Beispiel die gesellschaftlichen Rahmenbedingungen vollständig unterschiedlich zu bewerten.

Die immense planerische und politische Bedeutung der Themenfelder verführt jedoch gleichzeitig zu einer entwerferischen Fokussierung dieser Aspekte, so dass viele

Projekte über prägnante Konzepte auffallen, jedoch entweder als theoretische Modelle in den Schubladen lagern oder maximal zu Publikationszwecken eingesetzt werden. Wenige dieser Projekte können im seltenen Realisierungsfall durch eine präzise Durcharbeitung im Wohngrundriss oder der materialgerechten Konstruktion überzeugen.

Das Ziel liegt, wie häufig, in der ausgewogenen ganzheitlichen Betrachtung möglichst vieler Einflussgrößen vom Konzept bis zum Detail. Derzeit entstehen unter dem Stichwort „Nachhaltigkeit" parallel verschiedene Instrumente, die diesen ganzheitlichen Entwurfsansatz fördern. Diese Zertifizierungssysteme müssen jedoch ihre Objektivität und Praxistauglichkeit beweisen und dürfen nicht als reine Marketinginstrumente missbraucht werden.

Die genannten Zahlen und Fakten sowie deren Auswertung sind aus der Perspektive Deutschlands formuliert und weichen damit bei den strukturellen Angaben deutlich von anderen Ländern ab. Ähnlich den betrachteten Themenfeldern im Kapitel „Grundriss" sind die folgenden Aspekte nicht linear zu verstehen, sondern bilden ein parallel zu betrachtendes, vernetztes Spektrum von Einflussgrößen ab. Die richtige Gewichtung der Einzelaspekte und ihre Verknüpfung zu einem logischen Gesamtkonzept, einem roten Faden, sind die Grundlage für ein gelungenes Entwurfsprojekt.

Kontext

Wohnen und Gesellschaft

Unsere Gesellschaft verändert sich. Seit Jahren werden diese Veränderungen in vielerlei Hinsicht, unter anderem in der wirtschaftlichen Wettbewerbsfähigkeit und der Leistungsfähigkeit der sozialen Sicherungssysteme, thematisiert. Dass sie wesentlichen Einfluss auf das Betätigungsfeld Wohnungsbau haben, ist verständlich, ist doch die Gesellschaft im Sinne des Nutzers diejenige, deren Wohnwünsche erfüllt werden sollen. Verändern sich Lebens- und Wohnvorstellungen einer breiten Masse, muss von Seiten der Planer und politischen Akteure reagiert werden. Nun sollten die veränderten Rahmenbedingungen eingehend untersucht werden, um die richtigen Stellschrauben zu finden. Zuerst stellt sich daher die Frage nach den tatsächlichen Veränderungen und deren Auswirkungen auf die angebotenen räumlichen Lösungen. In einem zweiten Schritt kann dann an der richtigen Stelle und mit den richtigen Mitteln darauf reagiert werden. Gerade hier gilt es, standortspezifisch zu analysieren und gesamtgesellschaftliche Trends mit lokalen Entwicklungen abzugleichen. Dieses Themenfeld ist dem aktuellen gesellschaftlichen Rahmen von Wohnen gewidmet und zeigt hierzu die wichtigsten Tendenzen auf.

Feststellungen

Unsere Gesellschaft schrumpft. In den kommenden Jahren wird für Deutschland eine deutliche Veränderung der Einwohnerzahlen sowie der Bevölkerungsstruktur prognostiziert, die unter dem Begriff „demografischer Wandel" allgegenwärtig ist. Vorausberechnungen unter Berücksichtigung der natürlichen Bevölkerungsentwicklung, die Geburtenraten mit Sterbefällen abgleichen und Wanderungsbewegungen im Binnenbereich und über die Grenzen der Bundesrepublik berücksichtigen, zeigen für das Jahr 2030 mit rund 77,2 Mio. Einwohnern eine deutlich geringere Bevölkerungszahl als noch im Jahr 2005 mit 82,4 Mio. Einwohnern.[1] Der Rückgang der Einwohnerzahl geht einher mit einer spürbaren strukturellen Veränderung in der Zusammensetzung der Bevölkerung.

Unsere Gesellschaft altert. Die Zahl der über 65-Jährigen steigt stetig. Noch im Jahr 2005 hatte diese Bevölkerungsgruppe einen Anteil von 19 % an der gesamtdeutschen Bevölkerung, im Jahr 2030 wird der Anteil auf 29 % gestiegen sein. Immerhin ein deutlicher Anstieg um 40 %,[2] als dessen Ergebnis der Bedarf an spezifischen Wohnwünschen für diese Altersgruppe einen hohen Stellenwert auf dem Wohnungsmarkt einnehmen wird. Nicht zu vernachlässigen ist dabei, dass die angesprochene Altersgruppe im Vergleich zu vorangegangenen Generationen länger aktiv und selbstständig ist und häufig kommunikative, gemeinschaftliche Wohnkonzepte erfragt.

Unsere Gesellschaft lebt individueller. Lange Zeit war Wohnen klar umrissen und nur im gesellschaftlich legitimierten Modell der Kleinfamilie abgelegt. Heute stellt sich die Situation weitaus differenzierter dar. Das Ideal des Zusammenlebens ab den 1950er Jahren mit standardisiertem Wohnraumangebot von drei Zimmern, Küche und Bad wurde in Gesetzen, Richtlinien und Förderinstrumenten über viele Jahre festgeschrieben und wirkt bis heute träge und langlebig fort. Seit den 1970er Jahren ist der Wohnungsmarkt allerdings mit individuellen, spezifischen Wohnwünschen konfrontiert. Der Familie mit leiblichen Kindern steht heute eine große Zahl von Einpersonenhaushalten, Gemeinschaften unterschiedlichster Alters- und Sozialstrukturen, etc. gegenüber.

Im Zuge der Individualisierung spielt auch die Veränderung der Haushaltsstruktur eine entscheidende Rolle. Noch 1900 waren Haushalte mit fünf und mehr Personen mit 44 % am stärksten vertreten, der Anteil der Einpersonenhaushalte betrug gerade mal 7,1 % der Privathaushalte in Deutschland.[3] Im Jahr 2006 dominierten bereits Einpersonenhaushalte mit 38 % der knapp 40 Mio. Privathaushalte alle anderen Haushaltsgrößen. Dagegen sind Haushalte mit fünf und mehr Personen lediglich noch mit 4 % der Privathaushalte in Deutschland vertreten.[4] Sinkende Haushaltsgrößen bei gleichzeitigem Anstieg der Zahl an Privathaushalten sowie vielschichtige Lebensformen und deren pluralistische Wohnvorstellungen stellen vermutlich die gegenwärtig größte Herausforderung an den Bestand sowie an neue Wohnkonzepte dar.

Unsere Gesellschaft bevorzugt wieder verstärkt städtische Wohnmodelle. Hier sind unterschiedliche Entwicklungen auszumachen. Zum einen führt Individualisierung, egal welcher Altersgruppe, zu einem höheren Bedarf an sozialem und infrastrukturellem Netzwerk, der im städtischen Kontext eher bedient wird als im suburbanen. Zum anderen wird, unter anderem im Zuge der Berufstätigkeit vieler Frauen, das Einfamilienhaus vor der Stadt für Familien weniger attraktiv. Das tägliche Pendeln beider Eltern ist nicht nur finanziell weniger interessant, sondern vor allem aufgrund der hohen organisatorischen Anforderungen. In diesem Zuge ist auch eine Veränderung des Images der Stadt wahrzunehmen. Viele Kommunen reagieren gegenwärtig auf diesen Bedarf mit innerstädtischen Flächenangeboten für private Wohnmodelle.

Die sich verändernden gesellschaftlichen Rahmenbedingungen erfordern Antworten bezüglich aktuell notwendiger Wohnkonzepte genauso wie Überlegungen zur Qualität, zum Standort und zum Standard von Wohnungen. Zwar wird auch Wohnen in seinen Grundfunktionen regelmäßig in Wohnkonzepten der Zukunft hinterfragt, der oben genannte Bedarf löst jedoch nicht zwangsläufig Veränderungen in den Grundfunktionen des Wohnens und deren Zusammenspiel in der Wohneinheit aus. Im Zuge einer alternden Gesellschaft ist ein besonderes Augenmerk auf barrierefreies Wohnen, begonnen beim Wohnumfeld bis zur Möbelplanung der Wohnung, notwendig. Auch die Verschiebung der Haushaltsgrößen zu kleinen Haushalten löst eindeutige Entwicklungstrends im Bau und Umbau kleinerer, häufig serviceorientierter und städtischer Wohntypen aus. Veränderte Ausstattungsstandards tragen dabei jedoch oft schon zur adäquaten Reaktion auf neue gesellschaftliche Rahmenbedingungen bei, wogegen der Wohngrundriss in seiner Raumkonzeption und -organisation häufig ein stabiles Gefüge darstellt. Die Vermarktungsebene im Sinne der produkthaften Benennung und Identität von Projekten, die diverse, vermeintlich neue, Wohnmodelle und Gebäudetypen benennt, eröffnet bei genauerem Untersuchen selten innovative und neue Wohnkonzepte. Die Chance des Planers ist es, mit dem Verständnis der gesellschaftlichen Prozesse jedoch unabhängig vom Vermarktungstrend zu agieren.

Marketing

Die Wohnungsbauvermarktung folgt deutlich den demografischen und gesellschaftspolitischen Entwicklungen im Land. Unabhängig vom Marktsegment der privaten Bauherren, die individuell und für sich persönlich den Wohnbedarf definieren und planen lassen, ist das Wissen um marktrelevante Nutzergruppen im Sinne der gesellschaftlichen Trends projektrelevant. Die Gefahr von Fehlspekulationen liegt genau zwischen dem Pol des Käufers/Nutzers und dem des Bauträgers/Investors. Ein passgenaues Angebot verringert also das Investitionsrisiko um ein Vielfaches und erhöht die Gewinnaussichten im selben Maße. Genau deshalb widmen sich gerade die investierenden Akteure der präzisen Definition und Einordnung von Nutzergruppen, um im Ergebnis eindeutige Klientels zu benennen, die aktuell auf den Wohnungsmarkt wirken.

Klassifizierung

Die Arten des unmittelbaren Zusammenlebens, die als Lebensform bezeichnet werden, spielen für die marktrelevante Klassifizierung von Nutzern eine erste bedeutende Rolle: Zum einen wird hier die Gesellschaft in Bezug zur Ehe, zum anderen im Zusammenleben mit Kindern klassifiziert. Mehr als die Hälfte der Bevölkerung in der Bundesrepublik lebt nach wie vor in Familien zusammen, das heißt als Ehepaar, Lebensgemeinschaft oder allein erziehender Elternteil mit mindestens einem Kind.[5] Die Lebensform steht in engem Verhältnis zum Privathaushalt, der durch gemeinsam wohnende und wirtschaftende Menschen gebildet wird. In der Bundesrepublik verringern sich die Haushaltsgrößen seit Jahren und im Ergebnis ist ein stetiger Anstieg der Wohnfläche zu verzeichnen, der nachhaltig auf den Wohnungsmarkt einwirkt. Was Lebensform und Privathaushalt nicht ausdrücken, sind soziostrukturelle und lebensphasenspezifische Charakteristika jedes Einzelnen, die Neigungen, Gewohnheiten auch ästhetische

Standards berücksichtigen. Sie werden in Lebensstilen zusammengeführt, die in der Regel jedoch nicht die gesamte Gesellschaft abbilden. Lediglich die Schichten werden berücksichtigt, die repräsentativ für aktuelle gesellschaftliche Tendenzen stehen. Übergeordnet entwurfsrelevant sind sie entsprechend nicht. Für Architekten bietet die Beobachtung der gesamtgesellschaftlichen Entwicklung ein Verständnis zum gegenwärtigen und zukünftigen Bedarf an Wohnungsgrößen und -typen sowie deren Anforderungsprofile, um geeignete räumliche Antworten zu formulieren.

Auf die Vielzahl der Nutzergruppen oder Klassifikationen und ihre spezifischen Wohnwünsche baulich-räumlich zu reagieren, mit dem Ergebnis eines hochspezialisierten Wohnungsmarkts, folgt keiner ökonomischen Vernunft. Allein diese Tatsache forciert Lösungen, die zum einen nachhaltig sind und zum anderen auf den Bedarf eines Großteils der Gesellschaft reagieren, ohne ein differenziertes und breites Spektrum zu entwickeln, das langfristig in einem nicht abgefragten Überangebot enden muss.

Miete oder Eigentum

Neben dem Einfluss der Lebensform, der Werte und Gewohnheiten stellt sich eine weitere grundsätzliche Frage im Zusammenhang mit der Entscheidung für das Wohnmodell: Miete oder Eigentum? Statistisch gesehen leben 43 % aller Privathaushalte in Deutschland in den eigenen vier Wänden.[6] Das Mietverhältnis bietet gegenüber einer langfristigen Sicherheit des Eigentums die Chance zur kurzfristigen Veränderung. Gleichzeitig wird über die Miete ein Betrag x vom Mieter übernommen, der unter anderem Verwaltungstätigkeiten und Gewinnaussichten seines Wohnversorgers abdeckt und der im Eigentum nicht immer anfällt. Ein Mietverhältnis lässt zudem eine Veränderung in der räumlichen Organisation nur selten zu. Eigentum ermöglicht aufgrund der eigenen Dienstbarkeit einen flexibleren Umgang mit dem eigenen Wohnraum, gleichzeitig bindet es jedoch an den Standort und an die Größe der Wohnung. Wohneigentum stellt heute, in einer globalisierten Arbeitswelt, für die Mehrheit der Bevölkerung keine Bindung für die Ewigkeit dar. Dieses Wissen setzt allerdings auch voraus, dass Eigentum in Regionen erworben wird, in denen der Markt für den Verkauf existiert und nachhaltig stabil bewertet wird.

Gegenwärtige Entwicklungen

Momentan lassen sich unterschiedliche Entwicklungen am Wohnungsmarkt erkennen. Zum einen führen Kommunen in integrierten Stadtentwicklungskonzepten Angebot und Nachfrage nach Wohnraum zusammen, was sie in der Kenntnis ihrer zukünftigen Einwohnerprognosen langfristig handlungsfähig macht und regionale Schrumpfungs- beziehungsweise Wachstumstendenzen berücksichtigt. Zum anderen führt die breite Debatte über eine alternde Gesellschaft zum Umdenken in vielen Bereichen, unter anderem in der zukunftsfähigen Bedarfsdeckung mit geeignetem, zumindest barrierefreiem, Wohnraum. Auch eine Zunahme von Serviceangeboten in Wohngebäuden ist festzustellen. Diese Entwicklung folgt nicht nur der Individualisierungstendenz der gesamten Gesellschaft, sondern hat auch einen Mehrwert für die ältere Generation. Schon seit langer Zeit beschäftigen sich zudem Architekten mit veränderbaren Wohnkonzepten, um den verschiedenen Wohnbedürfnissen innerhalb der Lebensdauer eines Gebäudes gerecht zu werden. Nutzungsneutrale Räume bieten hier wohl den nachhaltigsten Ansatz, der nicht nur unterschiedliche Wohnkonzepte zulässt, sondern bis zur Umnutzung einer Wohnung als Büroeinheit reicht. Diesen Konzepten wird allerdings teilweise die fehlende spezifische Grundrisskonfiguration mit unterschiedlich dimensionierten Räumen vorgeworfen, wodurch das Gegenmodell in differenzierten Wohnangeboten mit simulierten individuellen Wohnangeboten ebenso vertreten ist. Ein letzter Aspekt soll nicht unerwähnt bleiben: Im Zuge einer sich verändernden Arbeitswelt werden auch Konzepte erfragt, die eine Kombination von Wohnen und Arbeiten ermöglichen. Hierfür sind vor allem Überlegungen zur eventuell notwendigen Öffentlichkeit des Arbeitsplatzes in der Grundrisskonzeption beziehungsweise Gebäudeorganisation notwendig.

Wohnen und Ökonomie

Dieses Themenfeld muss auf zwei Ebenen betrachtet werden. Es geht einerseits um die großmaßstäblichen wirtschaftlichen Zusammenhänge und auf der anderen Seite um die konkreten Auswirkungen auf das einzelne Wohnbauprojekt.

Bauwirtschaft

Über die wesentlichen wirtschaftlichen Strukturdaten kann man ein erstes Bild der Situation zeichnen. Der überwiegende Anteil am Gesamtgebäudebestand Deutschlands sind Wohngebäude. Mit knapp 9,5 Billionen Euro sind rund 82 % des Anlagevermögens der Deutschen in Bauten angelegt – davon entfallen knapp 5,5 Billionen Euro also 57 % auf den Wohnungsbau.[7] Dies entspricht circa 18 Mio. Wohngebäuden[8] mit insgesamt 40 Mio. Wohnungen.[9] Damit wird deutlich, welchen herausragenden Stellenwert der Wohnungsbau für die Gesamtwirtschaft besitzt. Von 1995 bis 2005 hat sich der Umsatz im Baugewerbe von 133 Mrd. auf 77 Mrd. fast halbiert[10], verbunden mit einem entsprechenden Rückgang der Arbeitsplätze.

Für den entwerfenden Architekten ist jedoch zunächst weniger der Bestand von Interesse, sondern der zukünftige Bedarf an Wohnraum. Aufgrund der immensen wirtschaftlichen Bedeutung dieses Faktors werden hierfür regelmäßig statistische Zahlen erhoben. Bis 2015 wird von einem jährlichen Neubauvolumen von circa 275.000 Wohnungen ausgegangen.[11] 2007 wurden lediglich 211.000 Wohnungen gebaut, das entspricht einer Neubauquote von 2,6 Wohnungen je 1000 Einwohner und Jahr oder 0,7 % am Gesamtbestand.[12] Mit diesem Wert belegt Deutschland in Europa eindeutig den letzten Platz. 60 % entfallen dabei auf den Ein- und Zweifamilienhausbereich, 40 % auf den Bereich der Mehrfamilienhäuser.[13] Der jährliche Abgang von Wohnungen wird mit ca. 47.000 (0,1 %) beziffert.[14]

Auf unterschiedliche Weise kämpfen Interessengruppen für eine Wiederbelebung des Markts. Ein wichtiges Instrument hierfür sind staatliche Programme, die entsprechende Investitionsanreize liefern. Durch den Wegfall der Eigenheimzulage ist ein wichtiger Entwicklungsmotor ausgefallen, der seit kurzem durch das neue Wohn-Riester-Programm kompensiert werden soll. Generell wird der Wunsch zu Eigentumsbildung als einer der wichtigsten Entwicklungsmöglichkeiten für den Wohnungsbau gesehen.

Fazit des kurzen wirtschaftlichen Exkurses ist ganz klar: Deutschland ist gebaut. Für die Wirtschaft, die vom Wachstum lebt, sind diese rückläufigen oder stagnierenden Zahlen dramatisch. Was bedeuten diese Zahlen jedoch für den Wohnungsbau aus Sicht des Architekten und Städteplaners? Betriebswirtschaftlich sind sie dort ebenfalls mehr als besorgniserregend und der schlechte Arbeitsmarkt für Architekten spiegelt die Situation klar wider. Ganzheitlich betrachtet lassen sich hinter dieser schwierigen wirtschaftlichen Situation jedoch auch Chancen entdecken. So führt ein allgemein hoher Sättigungsgrad zu einem Nachdenken über Qualität, oder andersherum betrachtet, führte eine enorme Nachfrage wie zum Beispiel im Massenwohnungsbau der Nachkriegszeit zu allgemein geringerer städtebaulicher und architektonischer Qualität. Gerade die jüngsten Entwicklungen auf dem amerikanischen Immobilienmarkt zeigen, dass die spekulative Entwicklung auch für die wirtschaftliche Entwicklung verheerende Folgen haben kann. So ist es vielleicht nicht nur Negativ, auf einem der letzten Plätze in Europa zu liegen, weit hinter Spanien und Irland mit einer siebenfach höheren Neubauquote.[15]

Im Textabschnitt zum Thema Ökologie wird ebenfalls schnell klar, dass Wachstum und der damit verbundene Flächenfraß negative Folgen hat. Die größte Chance besteht in dem Zeitgewinn, der durch die Verlangsamung oder Stagnation der Entwicklungsprozesse stattfindet. Zeit für das Nachdenken über neue Strategien im Wohnungsbau und im Umgang mit der Stadt. Angesichts der Zahlen ist offenkundig, dass die Auseinandersetzung mit dem Gebäudebestand und dem damit verbundenen Stadtumbau einer der zentralen Themenfelder für die Architektur im Allgemeinen und den Wohnungsbau im Besonderen einnimmt.

Kontext

Baukosten

Die gesamtwirtschaftliche Betrachtung sagt noch wenig aus über die ökonomischen Bedingungen bei einem konkreten Wohnbauvorhaben. Hierzu wieder einige Zahlen und Fakten. Grundsätzlich werden die Baukosten durch die zwei Parameter „Fläche" und „Standard" bestimmt. Regional differenziert liegen die Baukosten für den Quadratmeter Bruttogeschossfläche bei einem Einfamilienhaus zwischen 1.000 und 1.500 Euro.[16] Die Verkaufspreise liegen im Allgemeinen mit 2.000 bis 3.000 Euro je Quadratmeter ziemlich genau beim Doppelten. Der Baupreisindex, der über die Entwicklung der Baupreise Aufschluss gibt, stagnierte dabei nach der Jahrtausendwende und legte in den beiden letzten Jahren mit zuletzt 7,8 % im Jahr 2007 deutlich zu.[17] Die Nettokaltmieten liegen im Bundes-durchschnitt bei 5,90 Euro/m² mit regionalen Abweichungen wie zum Beispiel einem durchschnittlichen Mietpreis von 7,50 Euro/m² in Hamburg.[18]

Circa 30 % des Haushaltseinkommens werden in das Produkt „Wohnen" investiert, es liegt damit doppelt so hoch wie zum Beispiel die Aufwendungen für PKW oder Nahrungsmittel (vgl. Kapitel Wohnungsgröße).[19] Die allgemeine Preisentwicklung unterliegt dem Prinzip von Angebot und Nachfrage und kann nur begrenzt durch staatliche Maßnahmen wie zum Beispiel Schutz vor Mietwucher beeinflusst werden. Insbesondere im Hinblick auf einkommens-schwache Haushalte stellen die Wohnkosten eine erhebliche Belastung dar. Die Kosten sind für den Architekten einer der zentralen Entwurfsfaktoren. Angesichts der immensen finanziellen Belastung und einer meist langjährigen Finanzierung für den Bauherrn mit vielen Risiken steht der Architekt in einer besonderen Verantwortung im treuhänderischen Umgang mit dem ihm anvertrauten Kapital, unabhängig davon ob der Bauherr aus privatem, gewerblichem oder öffentlichem Interesse handelt. Da der Einfluss auf die allgemeinen Baupreise gering ist, bleiben für den Architekten wenige Stellschrauben. Die wichtigste ist die Bemessung des effektiven Bedarfs. Da viel Fläche im Allgemeinen mit viel Qualität verbunden wird, wird der Wohnraum im selbst genutzten Neubau häufig viel zu großzügig bemessen und zum Beispiel die sich innerhalb relativ kurzer Zeit verändernden Familienstrukturen nicht berücksichtigt.

In der sorgfältigen Prüfung des Bedarfs, verbunden mit einer effektiven Grundrissplanung, kann ein wesentliches Einsparpotenzial geleistet werden. Das zweite, wenngleich viel schwächere Instrument der Kostenregulierung, ist der Gebäudestandard. Ähnlich der Automobilindustrie wird hier durch die Arbeit der entsprechenden Interessengruppen der allgemeine Anspruch nach immer höheren Standards gefördert. Der Bauherr und der Architekt als sein Berater können jedoch über die Reflexion der tatsächlichen Notwendigkeiten beispielsweise der Sanitär- und Küchenausstattung oder der Oberflächenqualitäten einen angemessenen und bezahlbaren Standard finden. Gemeint ist hier nicht, die Qualität der Materialien zu Gunsten der Kosten zu senken, sondern grundsätzlich über bestimmte Standards nachzudenken. Zum Beispiel können bei einer hochwertigen Rohbauausführung bestimmte Flächen ohne zusätzliche Verkleidung oder Beläge auskommen, oder es kann ein einfaches Bad anstelle eines von der Sanitärindustrie gerne verkauften Designer-Wellnessbereichs mit Sauna realisiert werden.

Eine dritte Stellschraube resultiert aus dem Bereich der Gebäudekonstruktion. Intelligente Bauweisen, der Einsatz von vorfabrizierten Elementen an der richtigen Stelle, standardisierte Bauteile und die Kommunikation der technischen Möglichkeiten der bauausführenden Firmen können zu weiteren Kostenvorteilen führen. Paradox an der Beratungsleistung des Architekten, bezogen auf die Kosten, ist die unmittelbare Kopplung des Honorars an die Baukosten, je höher desto mehr. Das Instrument der Prämie für die Unterschreitung bestimmter Kosten wird derzeit zu wenig genutzt. Mit den Baukostenbegriffen und Bezugsgrößen wird zudem häufig unpräzise umgegangen so dass eine Vergleichbarkeit von Projekten ohne präzises Studium der Zusammenhänge kaum möglich ist.

Wohnen und Ökologie

Unter dem Stichwort „Ökologie" wird ein weites Spektrum an Betrachtungsmöglichkeiten auf die Fragen des Wohnungsbaus eröffnet. Es erscheint daher sinnvoll, eine fokussierte Gliederung der Thematik vorzunehmen. Interessant ist die unmittelbare Verknüpfung der ökologischen Rahmenbedingungen mit den ökonomischen Faktoren.

Klimawandel

Klimawandel, Treibhauseffekt, Erderwärmung sind Schlagwörter, die – ähnlich wie der Begriff „demografischer Wandel" für den gesellschaftlichen Bereich – omnipräsent sind und sämtliche Wirtschaftsbereiche und Themenfelder durchdringen. So wird natürlich auch die Immobilien- und Wohnungswirtschaft von dieser Diskussion erfasst. Die aus der Erdölkrise resultierende Ökologiediskussion der 1980er Jahre mit der Erkenntnis der begrenzten Ressourcen hat durch die unmittelbare Verknüpfung mit der Klimafrage eine völlig neue Dimension erhalten. Selbst in den diesbezüglich konservativ eingestellten USA wurde von Politik, Wirtschaft und Medien das Potenzial des Themas erkannt.

Um diese Diskussion in ihrer Relevanz auf den Wohnungsbau einzugrenzen, erscheint es notwendig, einige Zahlen und Fakten zu betrachten, um bei aller Bedeutsamkeit des Themas zwischen der Instrumentalisierung durch verschiedene Interessengruppen und der Realität differenzieren zu können.

Der Anteil der Immobilien (Wohn- und Nichtwohngebäude) an der Emission der Treibhausgase beträgt circa 10 %. Im Vergleich hierzu stehen die energieerzeugenden Anlagen mit circa 21 %, der Transportbereich mit 14 % oder die Landwirtschaft mit 12,5 %. Reduziert auf den Wohnungsbaubereich liegt der Anteil an der Gesamtemission bei circa 5 %.[20]

Dies sind durchaus beachtliche Zahlen, doch im Zusammenhang mit der Einführung des Energieausweises für Gebäude und der Diskussion um Niedrig- und Nullenergiehäuser wird der Eindruck erweckt, dass es sich in diesem Sektor um eine überdurchschnittliche Größe handelt. Die Zahlen zeigen jedoch eine sehr viel gleichmäßigere Verteilung innerhalb der einzelnen Wirtschaftssektoren als die Diskussion den Eindruck vermittelt.

Gründe hierfür sind eine bewusste Instrumentalisierung, um in dem massenwirksamen Markt der Endverbraucher konjunkturfördernde Investitionen auszulösen. Im Energiesparsektor hat sich entsprechend ein enormer Markt von Dämmstofflösungen über Solarkollektoren, Wärmepumpen bis zu Photovoltaikelementen entwickelt.

Trotz der offen und anschaulich geführten Diskussion der ökologischen Zusammenhänge und Folgen in allen Medien, ist jedoch weniger ein gegenseitiges gesell-

schaftliches Verantwortungsbewusstsein der Auslöser für das Handeln, sondern vielmehr eine zweite Komponente – die unmittelbare finanzielle Belastung für den Einzelnen. Erst mit den deutlich erhöhten Rechnungen der Energieanbieter setzte ein Umdenkprozess beim Verbraucher ein.

Unabhängig von der CO_2-Diskussion sind aufgrund der begrenzten Ressourcen und der weltpolitischen Zusammenhänge die Energiepreise drastisch gestiegen. Die Wohnnebenkosten sind ebenfalls in den letzten fünf Jahren um etwa 30 %[21] gestiegen und haben zur Bildung des Begriffs der „zweiten Miete" geführt, um die Größenordnung der Beträge zu veranschaulichen. Erst diese enorme finanzielle Belastung führt zu einem breiten Umdenken und einem unmittelbaren Bewusstsein für die Energie- und damit auch Emissionsfragen. Für den Wohnungsbau resultieren Folgen auf verschiedenen Ebenen.

Die Aufwendungen für die Wohnung, die sich aus dem kalten und warmen Mietanteil summieren, führen auf der übergeordneten Ebene zum Nachdenken über den grundsätzlich notwendigen Bedarf an Wohnraum. Der unmittelbare Zusammenhang zwischen Energieverbrauch und Größe dokumentiert sich allein über die allgemeine Abrechnungseinheit nach Quadratmeter. Hierüber entsteht ein Gegenpol zum jährlich wachsenden Wohnflächenkonsum.

Kontext

Auf einer anderen Ebene geht es um die energetische Optimierung des Gebäudebestands oder von Neubauten. Zwei Strategien bieten sich dabei an. Die erste Ebene versucht, über die Reduktion des Wärmeverlusts zum Ziel zu gelangen, die zweite Ebene durch energetisch optimierte beziehungsweise auf regenerative Energien zurückgreifende technische Anlagen einen Beitrag zu leisten. Beide Bereiche haben unmittelbaren Einfluss auf den Wohnungsbau. Die erste Strategie führt im Allgemeinen zu einer Ertüchtigung der Gebäudehülle über die Dämmung. Die Sanierung muss häufig im bewohnten Zustand erfolgen, so dass sich eine Fassadendämmung von außen als vergleichsweise kostengünstiger Standard durchgesetzt hat. Die Folgen sind jedoch schon jetzt an vielen Orten und Gebäuden sichtbar. Die energetische Sanierung verdeckt häufig eine wertvolle Fassadengestaltung hinter einfachen Putzfassaden. Dabei geht es nicht nur um denkmalgeschützte Substanz, sondern auch um sorgfältige Alltagsarchitektur wie zum Beispiel die Backsteinfassaden im norddeutschen Raum.

Die gebäudetechnische Ertüchtigung kann in vielen Bereichen diskret in die Substanz oder Neubauarchitektur eingefügt werden. Aber auch hier entstehen gestalterische Problemfelder, wie zum Beispiel die additiv hinzugefügten Solarkollektoren, die die Dachlandschaft prägen und ein ähnliches Phänomen darstellen wie die allgegenwär-

tigen Satellitenschüsseln an den Fassaden. Bei aller Notwendigkeit der energetischen Optimierung entsteht hier die Gefahr des medienwirksamen Wettbewerbs um das am meisten optimierte Gebäude.

Interessant ist, dass viele Studien zu dem Schluss kommen, dass die energetische Gebäudeoptimierung zwar auf allgemeine Erkenntnisse zurückgreifen kann, die konkrete Lösung jedoch fallabhängig am Einzelobjekt entwickelt werden muss, da die Gebäudesubstanz, die Nutzung und die Einflussgrößen des Kontextes zu unterschiedlich sind. Diese Anforderung wird nahezu deckungsgleich im qualitätsvollen Entwurf vorausgesetzt und bietet damit auch eine Stärkung der Position des Architekten.

Flächenverbrauch

Auf der städtebaulichen beziehungsweise übergeordneten raumplanerischen Ebene wird das Thema der Ökologie häufig in Verbindung mit dem Flächenverbrauch dargestellt, da die Flächennutzung letztendlich die anderen ökologischen Faktoren als Folge produziert. Trotz einer stagnierenden oder rückläufigen Bevölkerungsentwicklung in Deutschland beträgt der tägliche Flächenverbrauch für Siedlungs- und Verkehrsflächen circa 115 ha.[22] Im Rahmen eines Programms der Bundesregierung soll dieser bis 2020 auf 30 ha reduziert werden. Hieraus entsteht eine der Hauptmotivationen für den Stadtumbau und unter diesem

Begriff können die aktuellen städtebaulichen Bemühungen zusammengefasst werden. Durch den Wandel von der Industrie- zur Dienstleistungsgesellschaft werden entsprechende Flächen frei und können umgenutzt werden. Dies sind insbesondere Flächen für den Güterverkehr der Bahn und diverse Hafengebiete. Der Stadtumbau vollzieht sich jedoch auch in kleineren Dimensionen, zum Beispiel durch den Abbruch und Ersatz alter Gebäude oder die Nachverdichtung vorhandener Strukturen. Für den Wohnungsbau bedeutet die Reduktion der Neuausweisung von Bauland eine automatische Konzentration auf die Ressourcen der Stadt. Diese Tendenz deckt sich mit vielen weiteren Faktoren, die das System Stadt wieder attraktiv werden lassen.

Energie

Wie eingangs bereits erwähnt, sind der Energieverbrauch und die Klimadiskussion grundsätzlich aneinander gekoppelt. Die ökologische Betrachtung von Gebäuden und Bauteilen wird dabei jedoch nicht über die abstrakte Form des CO_2-Austauschs dargestellt, sondern über den Energieverbrauch. Als Standard entwickelte sich die Betrachtung der Summe der energetischen Aufwendungen, die in ein Bauteil fließen. Dies meint die gesamte Kette vom Herstellungsprozess, dem Transport, der Lagerung bis zur Entsorgung. In diesem Zusammenhang wird von grauer Energie, Gesamtenergiebilanz oder Ökobilanz gesprochen.

Zahlreiche Studien, die den entsprechenden Energieanteil in den Produkten für die Planung transparent machen, liegen vor.

Wieder einige Zahlen, um diesen Aspekt zu veranschaulichen: Ein Einfamilienhaus mit circa 150 m² Wohnfläche in Massivbauweise hat am Ende seiner Fertigstellung einen Energiebedarf von circa 350.000 kWh.[23] Im Vergleich dazu liegt der Jahresenergieverbrauch eines aktuellen Einfamilienhauses (EnEV 2002 Standard) bei circa 15.000 kWh. Ein weiteres relativierendes Beispiel: Der Energieanteil von Styropor liegt bei circa 29 kWh/kg im Vergleich zu Zellulosefasern mit je 1 kWh/kg.[24]

Angesichts dieser Dimension ist der ganzheitliche energetische Betrachtungsansatz eine wichtige Voraussetzung für einen nachhaltigen Gebäudeentwurf. Bei der Betrachtung der lebenslangen energetischen und wirtschaftlichen Faktoren verschieben sich kurzfristige Investitionsersparnisse zu Gunsten werthaltiger, langlebiger Baustoffe. Ein konkretes Beispiel hierfür ist die vergleichende Betrachtung von Fassaden mit Wärmedämmverbundsystemen und Backsteinfassaden.

Die Komplexität der Materie und damit ihre schwierige Vergleichbarkeit führte zu verschiedenen Ansätzen einer Zertifizierung. Zusätzlich zu den üblichen Anforderungen aus der Energieeinsparverordnung (EnEV)

des Bundes wurden über die entsprechenden Förderprogramme der Kreditanstalt für Wiederaufbau (KfW) bestimmte energetische Standards definiert, zum Beispiel KfW-40 oder KfW-60. Breiter angelegt ist das Instrument des bundesweit eingeführten Energieausweises. Als nächste Stufe kämpfen derzeit verschiedene Zertifizierungssysteme um ihre Bedeutung am Markt. Aus den USA versucht sich zum Beispiel das sogenannte „Green Building Rating System" mit Bronze-, Silber-, Gold- und Platin-Auszeichnungen in Europa durchzusetzen. In Deutschland scheint sich derzeit das „Deutsche Gütesiegel Nachhaltiges Bauen" mit ähnlichen Kriterien zu etablieren. Bei all diesen unterschiedlich motivierten Ansätzen ist die Verhältnismäßigkeit der Mittel nicht nur im Sinne der Ökobilanz abzuwägen, sondern auch in der Benutzbarkeit der Wohnung. Wenn das Öffnen der Fenster das energetische Gebäudekonzept gefährdet, scheint hier aus Sicht des Wohnungsbaus eine Schwelle überschritten zu werden.

Gesundheit
Neben den übergeordneten ökologischen Zusammenhängen gilt es noch die konkrete Ebene für den Wohnungsbau zu betrachten. Das Gesundheitsbewusstsein hat sich angesichts einer steigenden Anzahl von allergisch bedingten Krankheiten in den vergangenen Jahren deutlich gesteigert und hat einen wesentlichen Einfluss in der

Baustoffdiskussion. Die Nachfrage nach gesundheitlich unbedenklichen Baustoffen ist entsprechend deutlich gestiegen. Die aktuelle Situation der vom Fußboden bis zur Küche durchlaminierten Innenwelt eines Wohngebäudes ist nicht nur aus ästhetischer Sicht schwer erträglich, sondern wirft auch bezüglich der gesundheitlichen Aspekte Fragen auf. Ohne die neuen Baustoffe unter Generalverdacht stellen zu wollen, kann man dennoch die Frage stellen, ob natürliche und einfachere Baustoffe nicht den selben Zweck erfüllen können und vielleicht einen mehr werthaltigen und authentischeren Ausdruck entstehen lassen. Das oft entgegengebrachte Kostenargument ist dabei relativ, da die Preisbildung viel weniger von den Rohstoffpreisen als vom Instrument des Angebots und der Nachfrage abhängt.

Kontext

Wohnen und Initiatoren

In den letzten Jahrzehnten und im Zuge einer sich verändernden Gesellschaft haben deutliche Entwicklungen eingesetzt, die es sinnvoll machen, einen Blick auf die Strukturen und Akteure der Wohnraumschaffung zu werfen. Sich ändernde beziehungsweise neue Handlungsräume sind für entwerfende Architekten gerade im Kontext einer geringen Wohnungsneubautätigkeit wichtige, praxisrelevante Bezüge. Zwar sind regional und lokal differenzierte Prozesse zu beobachten, verallgemeinert lässt sich jedoch feststellen, dass die Arbeit im städtischen Bestand heute mehr denn je Gegenstand von Wohnbauprojekten ist. Als Bestand ist dabei sowohl das umzunutzende städtische Gebäude gemeint als auch die Neubauplanung im städtischen Kontext. In Deutschland stehen nach wie vor wachsenden, wirtschaftlich prosperierenden Regionen Standorte gegenüber, die gezielt in den Rückbau von Wohnraum und die Stabilisierung des Bestands investieren müssen. In dieser Betrachtung sollen daher vor dem Hintergrund der gemäßigten gesellschaftlichen Tendenz der Aktionsraum von Architekten in der Wohnbauplanung benannt werden und die betrachteten Aspekte gleichzeitig aktuelle Schwerpunkte in der Berufspraxis nachzeichnen.

Anbieter von Wohnraum

In der Phase der Wohnungsnot nach dem Zweiten Weltkrieg entwickelte sich in Deutschland ein auf unterschiedlichen Säulen funktionierendes soziales Wohnversorgersystem, das mittels Förderung und Anreizen von Seiten des Staates nachhaltig gesteuert wurde. Neben kommunalen beziehungsweise öffentlichen Anbietern und Wohnungsgenossenschaften stellten privatwirtschaftliche Investoren wichtige Wohnversorger im Mietwohnungsbau dar. Daneben förderte der Staat die Schaffung von privatem Wohneigentum. Heute ist die Wohnraumnachfrage quantitativ längst gedeckt. Die Aufgaben des Sozialstaats sind im Rahmen der Notversorgung mit Wohnraum sozusagen abgeschlossen. Die folgenden Bezugsgrößen verdeutlichen die geringen Aktivitäten im Wohnungsneubau: Zwischen 1994 und 2007 sind die Baugenehmigungen für Wohnungsneubauten um knapp 75 % zurückgegangen[25], zum einen als Ergebnis des gedeckten Bedarfs, zum anderen auch aufgrund veränderter gesellschaftlicher Rahmenbedingungen und deren Auswirkungen auf die Neubautätigkeit. Große öffentliche Wohnungsbauwettbewerbe, noch vor einem Jahrzehnt klassisches Betätigungsfeld von Architekten, finden heute nur noch in seltenen Fällen und mit geringen Realisierungschancen statt. Oft winkt nach erfolgreicher Teilnahme nicht der Auftrag durch die öffentliche Hand, sondern eine nächste Akquisephase am frei finanzierten Markt. Kommunen agieren dabei vermehrt als Projektinitiator, um Anreiz zur Bildung von privatem Wohneigentum zu geben. Dagegen übernehmen sie im Bestand nach wie vor neben Wohnungsgenossenschaften eine wichtige Versorgerfunktion. Von rund 24 Mio. Mietwohnungen im Jahr 2006 in der Bundesrepublik[26] werden rund 10 % durch öffentliche Wohnungsunternehmen der Kommunen, der Länder und des Bundes verwaltet.[27] Die öffentlichen Wohnungsversorger können dabei aufgrund zurückgehender bereitgestellter Mittel ihren Aufgaben immer seltener nachkommen; ein Verlust an Handlungsfähigkeit, der im Ergebnis eine Benachteiligung sozial Schwacher nicht ausschließt. Die soziale Verantwortung des Staates im Wohnungswesen ist weiterhin gefordert. Der Verkauf von kommunalem Wohneigentum verhindert hier langfristig stadtplanerische Interventionsmöglichkeiten und die öffentliche Steuerungsmöglichkeit.

Die Steuerung des deutschen Wohnungsbestands, in den rund 70 % des gesamten Wohnungsbauvolumens von Deutschland investiert werden, stellt gegenwärtig das größere Aktionsfeld gegenüber der Neubautätigkeit im Wohnungsbau dar. Die Akteure der Wohnungspolitik im Bestand, aber auch im Neubau, sind dabei neben den genannten öffentlichen, genossenschaftlichen und privatwirtschaftlichen Wohnungsanbietern eine Vielzahl von Privatpersonen, das heißt Selbstnutzer und private Kleinanbieter. Knapp drei Viertel des deutschen Wohnungsbestands, nämlich rund 30 der 40 Mio. Wohnungen[29] in Deutschland gehören privaten Wohnungseigentümern, die als Selbstnutzer und/oder als Vermieter auftreten. Gegenüber rund 9 Mio. Wohnungen, die in der Verwaltung von professionell-gewerblichen Anbietern stehen[30], übernehmen private Kleinanbieter mit rund 14 Mio. verwalteten Wohnungen[31] einen umfangreichen Anteil an der Zuständigkeit für den deutschen Mietwohnungsbestand, der durch das differenzierte Angebot mit kleinteiliger Besitzstruktur charakterisiert wird. Gleichzeitig fehlen diesen privaten Kleinanbietern, durch geminderte wirtschaftliche Potenz und Marktkenntnis, häufig spezifische Kenntnisse, um auf die Einflüsse gesellschaftlicher Veränderungen im Wohnungsbestand reagieren zu können. Festzuhalten ist jedoch: Private Vermieter und Selbstnutzer nehmen im Zuge ihrer Anteile am deutschen Wohnungsbestand deutlichen Einfluss auf die Qualität und Standards der gebauten Umwelt und des Wohnungsmarkts und sollten als potenzielle Auftraggeber nicht vernachlässigt werden.

Wohnungsbestand

Der Wohnungsbestand in Deutschland bemisst sich im Jahr 2007 auf rund 40 Mio. Wohnungen. Durchschnittlich bestehen die Wohnungen aus 4,4 Räumen mit 86,3 m² Wohnfläche.[32] Diese Bestandsstruktur dokumentiert den jahrzehntelangen Bedarf an Familienwohnungen. Die aktuellen Tendenzen der Haushaltsgrößen führen jedoch vermehrt zur Nachfrage von anderen Wohnungsgrößen und -zuschnitten. Einper-

sonenhaushalte dominieren schon heute alle anderen Haushalte in Deutschland und ihr Anteil nimmt weiter zu. Bestandsobjekte werden entsprechend regelmäßig in kleinere Strukturen unterteilt. Gleichzeitig konzentrieren sich Neubauaktivitäten im Geschosswohnungsbau vorwiegend auf Angebote diesen Haushaltstyps.

Private Selbstnutzer

Städtisches Wohnen rückt im Zuge einer zurückgehenden Nachfrage nach dem Eigenheim auf der grünen Wiese für Privateigentümer wieder vermehrt ins Bewusstsein. Dabei wird nicht das Wohnideal des Einfamilienhauses in Frage gestellt, lediglich das Lebensmodell in Form der Kleinfamilie mit pendelndem Alleinversorger ist heute rückläufig und damit deren Wohnvision am Stadtrand. Der Anteil von Selbstnutzern, das heißt privaten Wohnungseigentümern von Ein- und Zweifamilienhäusern, am Wohnungsbestand in Deutschland liegt mit rund 16 Mio. Wohnungen[33] bei 32 % des deutschen Wohnungsbestands. Im Laufe der Jahre hat sich dieser Markt fast völlig dem Architekten entzogen; Fertighäuser mit vermeintlich individuellem Charakter haben den Neubauvorhaben dieser Gebäudetypen im städtischen Einzugsgebiet ihr Gesicht gegeben. Auch wenn der größere Teil der deutschen Bevölkerung zur Miete wohnt, sind private Selbstnutzer ein interessantes Klientel für Architekten und nicht selten beginnt die selbstständige Berufspraxis mit

dem Um- oder Neubau eines Einfamilienhauses. Im städtischen Kontext entstehen nun Wohnformen, zum Beispiel die so genannten Townhouses, die wieder verstärkt im Aufgabenbereich von Architekten liegen. Im Unterschied zum auf dem „Reißbrett" geplanten Bauland im Umland als Idealplanung ohne kontextuelle Zwangspunkte, sind Bauherren in der Stadt mit teilweise schwierigen Eigentumsverhältnissen und häufig in Orientierung und Kontext anspruchsvollen und häufig zu großen Parzellen konfrontiert. Nicht nur Fertighaushersteller sind dabei überfordert, auch Investoren entwickeln diese ortspezifischen Situationen im seltensten Fall; für sie lohnt sich die Auseinandersetzung mit den diversen Einflussgrößen der Stadt erst ab einer bestimmten Grundstücksgröße und einer Projektdimension mit entsprechend zu erwartender Rendite. Einzelbauherren oder Baugruppen können hier eher agieren, langfristig zu wichtigen Akteuren für Kommunen werden und neben der Initiierung des Bauprojekts selbst nachhaltigen Einfluss auf den zu entwickelnden Standort ausüben.

Nach diesem ersten Überblick über das Feld der Akteure und möglichen Auftraggeber von Wohnungsbauten interessieren nun neue beziehungsweise veränderte Handlungsfelder für Architekten, die hier vorwiegend auf Neubauvorhaben bezogen sind, jedoch auch auf die Arbeit im Wohnungsbestand übertragen werden können. Der

Kontext

Blick auf die Neubautätigkeit in Deutschland erfolgte bereits im Kapitel „Wohnen und Ökonomie". Die gerade einmal 211.000 neu gebauten Wohnungen in Deutschland im Jahr 2007[34] sind dabei vorwiegend im städtischen Kontext zu vermuten. Neben einer zurückgehenden Nachfrage für Wohnflächen im Umland ist die Stadt seit Jahren aus ökologischen und ökonomischen Gesichtspunkten wieder in das Blickfeld der Politik und somit der Planer und Architekten gerückt. Aktuelle städtische Wohnungsbauprojekte reichen von der Nachverdichtung und Standortentwicklung im Sinne eines neuen Quartiers bis zum einzelnen Versatzstück im gewachsenen Kontext.

Bauträger

Durch Bauträger finanzierte Projekte spielen hier eine nicht geringe Rolle. Dabei handelt es sich vorwiegend um großmaßstäbliche Wohnbauprojekte mit einer gesicherten Nachfrage an prosperierenden Standorten. Der Planer hat dabei selten mit den späteren Eigentümern oder Mietern Kontakt, geplant wird vielmehr ein mit höchsten Renditeaussichten vermarktbares Produkt. Bauträger agieren lokal, reagieren spontan auf den Markt und bauen ohne wiederkehrende bauliche Standards. Als marktwirtschaftliches Unternehmen verpflichten sich Bauträger lediglich dem Grundsatz: „Minimaler Einsatz bei maximalem Gewinn". Im Zusammenhang mit einem sehr vorsichtigen Investitionsverhalten zukünftiger

Eigentümer sind diese Angebote nicht für alle Nutzer attraktiv. Gerade diejenigen, die das Eigenheim als individuelles Wohnziel definieren, werden mit seriell entwickelten Wohnungsangeboten im städtischen Umfeld nicht angesprochen. Dagegen zielt das Marketing auf kaufstarke Nutzergruppen, sozusagen Trendmilieus, mit klaren Wohnwünschen. Hohe Anschaffungskosten bei gleichzeitig geringem Eigenanteil und Steuerungsmöglichkeiten am Produkt oder, besser gesagt, schlüsselfertige Wohnbauproduktion ohne individuell zugeschnittenes Resultat sind die Folge.

Baugruppen

Dem gegenüber stehen Projektmodelle, die ohne Renditeabsichten initiiert werden. Als dritter Weg zwischen dem Wohneigentum und der Mietwohnung wird hier das private Kapital in ein gemeinwirtschaftliches Projekt investiert, das auf keine höchstmögliche Rendite abzielt, sondern kostendeckend Wohnraum bereitstellen soll. Zum einen kann das in großen Wohnungsgenossenschaften passieren, die lebenslanges Mietrecht zu einem vereinbarten Mietzins nach dem Erwerb der Genossenschaftsanteile anbieten; zum anderen – ein heute an Attraktivität gewinnendes Modell – als private Genossenschaft oder Baugruppe. Bau- beziehungsweise erwerbsinteressierte Personen schließen sich zu einer Genossenschaft oder Baugruppe zum Bau und Betrieb eines Wohnbauvorhabens zusammen und

gestalten aktiv und gemeinschaftlich die Planung, Ausführung und Nutzung.

Aktuell erfolgreiche Projekte weisen nicht selten Architekten als Projektmitglieder beziehungsweise als Initiatoren aus. Gerade junge Architekturbüros realisieren über das Initiieren von Baugruppenprojekten zunehmend ihr erstes Projekt. Notwendig sind Architekten bei Baugruppenmodellen in jedem Fall. Durch die Anzahl der „Bauherren" ist nicht nur ihre planerische Kompetenz gefragt, sondern vor allem die Moderation des Planungs- und Bauprozesses in der Gruppe. Je komplexer ein Vorhaben ist, desto wichtiger wird die Figur des Architekten und umso seltener die Aktivität des Investors.

Der Vorteil in der Projektentwicklung und -planung liegt in der Selbstverantwortung des Einzelnen und der gleichzeitigen Sicherheit durch die Gemeinschaft. Interessanterweise bieten diese Baugruppen, egal in welcher rechtlichen Form sie bestehen, die Chance, mit stadtspezifischen Parametern besser umgehen zu können als Einzelbauherren. Schon seit den 1980er Jahren versprechen individuell initiierte Wohnmodelle echte Alternative gegenüber dem Angebot des Marktes. Gerade der städtische Kontext ermöglicht heute einer privaten Baugruppe zudem eher den Grundstückserwerb als einer Einzelperson, da städtische Parzellen in ihrer Größe häufig der von Mehrfamilienhäusern entsprechen und zudem ein spekulativer Druck auf dem Grundstückspreis liegt. Häufig sind neben dem Wunsch der individuellen und kostengünstigen Realisierung auch gemeinsame Wohnideale ausschlaggebend für die Bildung einer privaten Baugruppe. Baugruppen verfolgen im Gegensatz zum Bauträger andere Organisationsziele als die finanzielle Gewinnsteigerung. Sie sind vielfältig und häufig in Alter, Lebensform und Kapitalausstattung gemischt zusammengesetzt. Meist bilden sie eine Gemeinschaft nicht nur zum Zweck des Planens und Bauens der eigenen Wohnbedürfnisse, sondern entwickeln langfristige Nachbarschaftsstrukturen, und häufig entstehen aus ihrem Netzwerk heraus quartiersprägende soziale Angebote. Gerade aufgrund dieses gleichzeitig entstehenden sozialen Netzwerks stellen private Baugruppen für das individuelle Bauen in der Stadt eine zunehmende Alternative für Bauherren zu anderen Eigentumsmodellen dar. Im Vergleich zum Investor sind sie sogar die bessere Wahl für Kommunen: einerseits weil sie lokal agieren und in der Regel ein stabiles Netzwerk aus den Eigentümern heraus für ein Quartier darstellen; des Weiteren weil sie aus der Mischung ihrer individuellen Wohnkonzepte Zweitnutzer und Veränderbarkeit von Grundrissen tendenziell mehr berücksichtigen als das marktorientierte Investorenmodell. Letztendlich führt dies zu einer höheren Projektqualität. Die Abhängigkeit der Wohnqualität von der Nachbarschaft ist eine wesentliche These im Wohnungsbau. Die Potenz selbst organisierter Projektgruppen hört zudem nicht bei dem gemeinsam geplanten Gebäude auf, mit gesellschaftlich verantwortungsbewusstem Agieren und einem hohen Maß an Eigeninitiative können aus diesen Netzwerken ganze Stadtteile entwickelt werden. Projektdimensionen, die früher nur aus der Hand eines Investors vorstellbar waren.

Aktuelle Aufgabenfelder

Eine Chance für Architekten in der wirtschaftlich schwierigen Situation besteht in der Beteiligung und Begleitung von selbstorganisierten Initiativen und Projektformen im städtischen Wohnungsneubau und der Bestandsumnutzung. Der „Maßanzug Wohnung" kann dabei durchaus in der Stadt entstehen, eine Vielzahl realisierter Baugruppenprojekte beweist die hochwertige und intelligente Umnutzung und Neuplanung von städtischen Wohngebäuden. Im Vergleich zu Bauträgerprojekten sind mit der Projektbegleitung durch Architekten architektonisch anspruchsvolle und wertbeständige Gebäude gesichert, wie sie von anonymer Investorenarchitektur selten erreicht werden. Als Treuhänder des Bauherrn wird der Architekt in jeder Phase der Planung und Realisierung des Gebäudes die Interessen des Bauherrn vertreten. Gerade die schwierigen Anfangspfade von Baugruppenprojekten, die bei der Grundstückssuche beginnen und bis zur Gründung der Projektgruppe reichen, sind häufig erst durch die Initiative von Architekten erfolgreich. Die umfangreichen Leistungen in diesem Zusammenhang wurden jedoch in der Honorarordnung für Architekten noch nicht ausreichend berücksichtigt. Die Veränderung und Aufweitung des klassischen Planerberufs muss entsprechend auch in den gültigen Gesetzen und Verordnungen fortgeschrieben werden, um aufwandsgerechte Honorare kalkulieren und abrechnen zu können.

Bereits erläutert wurde der wachsende Bedarf an kleinen Wohneinheiten, die entsprechend der Entwicklung der Haushaltsstruktur in Deutschland geeignete und ökologisch sowie ökonomisch sinnvolle Angebote darstellen. Der Kontext Stadt wird nicht nur für Familien neu entdeckt. Generationenübergreifend wird ein Erneuerungsbedarf des städtischen Wohnungsangebots entstehen. Ein rasantes Wachstum des Wohnungsmarkts wird es trotz alledem in Deutschland auf absehbare Zeit kaum geben. Zeiten mit vorsichtigem Investitionsverhalten führen jedoch immer zu einer Zunahme der Projektqualität, sei es im Nachdenken über die Verwendung energetisch sinnvoller Baustoffe oder über eine breite Diskussion zukünftiger Wohnmodelle.

Kontext

Wohnen und Ort

Mit der Annäherung an den Wohnort, das heißt den konkreten Standort des Wohnbauprojekts, schließt die Serie der übergeordneten Themenfelder zum Wohnungsbau mit einem konkreten, entwurfspraktischen Aspekt, der gleichzeitig Übergang zum Kapitel „Grundriss" ist sowie den inhaltlichen Zusammenhang zum Buchteil „Projekte" aufzeigt. Im Unterschied zu den Aspekten der Gesellschaft, der Ökonomie, Ökologie und der Projektinitiatoren wird hier konkret auf Ansätze und Schwerpunkte im Wohnungsbauentwurf hingewiesen. Damit ist jedoch keine Entwurfsmethode gemeint, es werden lediglich Schlüsselthemen in der Bearbeitung von Wohnbauprojekten angerissen und für den eigenen Entwurfsprozess gewichtet. Die Linearität und maßstäbliche Gliederung der Textform darf dabei nicht mit dem eigentlichen Entwurfsvorgang verwechselt werden, der von einer ständigen Parallelität der Entscheidungen und Einflüsse geprägt ist. Die bisher erläuterten Rahmenbedingungen und Entwicklungstendenzen von Wohnen sind gleichzeitig wirksam und immer Bestandteil des Entwurfsprozesses.

Die Qualität und Vermarktbarkeit einer Wohnung sowie ihr Wohnwert hängen nicht nur von deren Qualität, ihrem Standard oder ihrer Größe ab, sie wird vielmehr aus diversen Einflüssen ihres Kontextes, das heißt ihrer Verortung, geprägt. So fällt die Entscheidung für eine Wohnung häufig unmittelbar im Moment der Besichtigung des räumlichen Angebots beziehungsweise der Benennung der eigenen Wohnwünsche, indirekt jedoch gleichzeitig im Wissen um die Qualitäten einer Nachbarschaft, eines Quartiers, letztendlich auch einer Stadt selbst. Das Betätigungsfeld im Wohnungsbauentwurf beginnt damit in der Auseinandersetzung mit städtischen Strukturen und Räumen und endet in der Optimierung und Planung einzelner Möbel und Ausstattungsdetails. Das sichere Agieren in den verschiedenen Maßstäben, das Wissen um ihre Abhängigkeiten und das Abwägen der Einflussgrößen von Funktionalität und Gestaltungsabsicht sind, wie generell in der Architektur, auch im Wohnungsbauentwurf ständiger Gegenstand der eigenen Arbeit. Das Kapitel „Grundriss" zeigt die entwurfsentscheidenden Phänomene des Wohngrundrisses auf, der Projektzusammenhang des Wohngrundrisses zum Kontext, das heißt zum Gebäude, zum Quartier und zur Stadt wird jedoch bewusst ausgeblendet. Hier nähern wir uns dagegen dem Wohnen und damit dem Wohnungsbauentwurf über die Entwurfsmaßstäbe, sozusagen von der Stadt zum Haus, und gleichzeitig in der ständigen Auseinandersetzung mit der Abgrenzung von Öffentlichkeit und Privatheit. Das Themenfeld ist zugleich diffus wie konkret, soziologisch wie entwurfsorientiert. Die Vielzahl der Einflussgrößen wird dazu den Maßstäben Stadt, Quartier und Gebäude zugeordnet.

Die Komplexität und der Umfang der Materie erlauben dabei lediglich das Anreißen des vielschichtigen Themenspektrums und gleichzeitig eine Gewichtung für deren Bedeutung im Entwurf. Die hier aufgeführten Entwurfsparameter stehen zwar letztlich in einer Entscheidungskette, sie referenzieren sich jedoch gegenseitig und stehen im gesamten Entwurfprozess in einer ständigen Rückkopplung und Anpassung an die aktuelle Konzeptsituation.

Stadt

Seit mehreren Jahren ist der Ruf von der Renaissance der Städte sowie der Wiederentdeckung von Urbanität zum Träger eines gesamtgesellschaftlichen Wandels im Wohnverständnis geworden. Stadt bietet nicht nur allen Lebensmodellen und Altersgruppen einer Gesellschaft langfristigen Lebensraum, sondern bildet gerade durch die soziale Durchmischung eine Basis für eine moderne Gesellschaft. Urbanität, das heißt eine zusammenhängende, historisch gewachsene Bebauungsstruktur, nutzbare und klar definierte öffentliche Räume, Nutzungsmischung und soziale Durchmischung, ist der Rahmen unserer Arbeit und Basis für den Entwurf städtischer und zukunftsfähiger Wohnmodelle.

Der städtische Maßstab ist häufig die erste Annäherung an ein Entwurfsprojekt. Hier werden bauliche, räumliche, kulturelle und topografische Eigenheiten aufgespürt und als imaginäre Eckpunkte des Entwurfs fixiert. Die Arbeit mit unterschiedlichen Medien zeichnet die Fülle der Eindrücke und Einflüsse nach und ermöglicht gleichzeitig die Reflexion des Gesehenen und Gehörten. Entdeckte Standortqualitäten und Eigenheiten des Orts, der genius loci, sind dabei immer abhängig vom persönlichen Hintergrund des Betrachters. Gleichzeitig generieren die funktionalen Anforderungen der Aufgabe, egal ob vorgegeben oder selbst entwickelt, ein umzusetzendes Programm, das zwischen baurechtlichen Anforderungen und gestalterischen Möglichkeiten den Entwurf auslotet. Die Komplexität des Entwurfsprozesses zu Beginn der Planung wird häufig durch einzelne Einflüsse besonders geprägt, die sowohl aus dem lokalen städtischen Kontext als auch aus der Planungsaufgabe selbst entstehen können und zum Entwurfsgenerator werden. Im Verlauf der Arbeit verdichtet sich die Fülle der Rahmenbedingungen, konkrete Entscheidungen können auf der Basis der bereits getroffenen Festlegungen erfolgen oder hinterfragen diese und fokussieren den Entwurf aufs Neue.

Quartier

Der Übergang der Einflüsse des städtischen Kontextes und der des Quartiers ist fließend. Das Quartier definiert sich über eine fußläufige Erreichbarkeit, innerhalb der ein täglich notwendiger Bedarf des Bewohners gedeckt wird. Dieses infrastrukturelle Netzwerk schließt öffentliche Flächen und Räume für die Naherholung ein. Das Quartier hat oft einen höheren Stellenwert in der Identifikation des Bewohners als die Stadt selbst. Zwar bietet die Stadt ein übergeordnetes Angebot, das Quartier ist jedoch in der Annäherung an den privaten Raum der Wohnung eine wichtige öffentliche Bezugsgröße, die persönliche Kontakte im Sinne eines sozialen Netzwerks ermöglicht. Die Entscheidung für einen bestimmten Stadtteil, ein bestimmtes Quartier wird sehr bewusst durch den Bewohner getroffen. Ein lebenswertes Quartier mit einem funktionierenden sozialen und infrastrukturellen Netzwerk kann für den Bewohner durchaus fehlende Qualitäten der Wohnung, zum Beispiel fehlende private Außenräume, ausgleichen. Innerhalb des Quartiers kann das umfangreiche Angebot an Wohnungsgrößen und -typen geboten werden, um einem Großteil der aktuellen Lebensmodelle gerecht zu werden und langfristig als Wohnstandort eines Bewohners zu funktionieren. Sich verändernde Wohnanforderungen können damit innerhalb der Nachbarschaft und nicht zwingend in veränderbaren Grundrissen aufgefangen werden. Eine gute Lage innerhalb einer Stadt zeichnet sich jedoch nicht nur über die Qualitäten vor Ort aus, auch die Anbindung an lokale, regionale und überregionale Verkehrsadern werden häufig zu wichtigen Entscheidungsgründen für einen Wohnort. Die Entwurfsentscheidungen innerhalb des Bezugsrahmens Quartier sind kaum von den Festlegungen im städtischen Kontext zu trennen. Eine morphologische, strukturelle Annäherung über die Analyse der vorhandenen städtebaulichen Typen und deren Dimensionen bildet einen ersten und wichtigen Schritt. Materialisierung und Selbstverständnis zum öffentlichen Raum sowie ihr Nutzerspektrum sind elementarer Bestandteil dieser Auseinandersetzung. Gleichzeitig wird die bauliche Dichte im Zusammenhang mit einem grob erfassten Flächenanspruch eruiert. Grundlegende Dispositionen ermöglichen den Abgleich möglicher Orientierungen mit dem Nutzungsanspruch an die Gebäudestruktur. Nicht zu vernachlässigen in dieser Phase ist der Umgang mit dem ruhenden Verkehr, der gerade für die Marktfähigkeit von städtischen Wohngebäuden von besonderer Bedeutung ist.

Städtebauliche Typen

Je nach der Projektdimension kann die Vernetzung einer Wohneinheit oder einer Vielzahl von Wohnungen Gegenstand der Entwurfsarbeit werden. Die möglichen städtischen Bausteine reichen vom Reihenhaus bis zur verdichteten Teppichsiedlung in der horizontalen Verdichtung und vom kompakten Mehrparteienhaus bis zum hochverdichteten Wohnturm als vertikale Verdichtungsformen. Zwar ist aus ökonomischer und oft gestalterischer Sicht die horizontale Verdichtungsform mit ihrer geringen Höhe seltener geeignet, um im städtischen

Umfeld eine gleichermaßen wirtschaftliche und stadträumliche Qualität zu entwickeln; der hohe Grad an Privatsphäre, den die eigene Grundstücksfläche, eine direkte Erschließung und lediglich seitlich angrenzende Nachbarbebauungen bieten, ist allerdings für einen Großteil der Bewohner ein wichtiges Kriterium in der Entscheidung für eine Wohnung. Nicht zuletzt bieten diese Wohnformen direkten städtischen Ersatz für das Einfamilienhaus vor der Stadt.

Die eigene Entwurfsentscheidung wird jedoch nicht nur durch die Art und Dimension der Nachbarbebauung geprägt, auch die stadträumliche Situation hat weitreichenden Einfluss auf sie. So wird der Wohnbauentwurf an einem mehrspurigen Boulevard in der Innenstadt auf anderen Schwerpunkten basieren als der an einer Wohnstraße im Stadterweiterungsgebiet. Die Position zum öffentlichen Raum führt entsprechend zu Überlegungen, die den Schwellenbereich betreffen. Die Beantwortung der Fragen: „Wo hört die Öffentlichkeit auf? Wo beginnt die Hausgemeinschaft beziehungsweise die Privatheit der Wohnung?" führt zu wichtigen Entwurfsansätzen. Ein bewusster Abstand zum öffentlichen Raum kann zum Beispiel durch eine halböffentliche Vorzone oder ein „Anheben" des Gebäudes erzeugt werden. Oft wird eine Wohnnutzung im Erd- oder Hochparterregeschoss damit überhaupt erst möglich. Alternativ können Gebäude mit Nutzungsunterlagerung im Erdgeschoss

sinnvolle, kontextgerechte Entwurfsreaktionen darstellen. Dabei wird die private Wohnnutzung erst in den Obergeschossen der Funktionshybride angeboten. Das Erschließungssystem ist der neuralgische Punkt von hybriden Nutzungskonzepten. Eine getrennte Erschließungsstruktur verstärkt die Entkopplung der Nutzungen, ein gemeinsames System dagegen gestattet Austausch- und Kontaktaufnahme. Gleichzeitig wird die Schwellensituation zur Wohnung selbst verlagert.

Dichte

Mit der morphologischen Entscheidung für eine bestimmte Gebäudekubatur beziehungsweise eine städtebauliche Typologie geht der adäquate Umgang mit baulicher Dichte einher. Die als Geschossflächenzahl (GFZ) bezeichnete bauliche Dichte ergibt sich aus dem Verhältnis der Geschossflächen aller Vollgeschosse zur Grundstücksfläche des Gebäudes und wird gerade im Wohnungsbau als das maßgebliche Kriterium für nachhaltige, ökonomische Planungen, aber auch für eine ortsadäquate städtebauliche Reaktion zugrunde gelegt. Neben den Kriterien der Deutschen Gesellschaft für Nachhaltiges Bauen, die mittlerweile entsprechend gelungene Gebäude zertifiziert, hat längst auch auf stadtplanerischer Ebene die Erkenntnis eingesetzt, dass Versiegelung und Flächenfraß in den Städten und im Stadtumland nicht unbedingt von einem überlegten Umgang mit den vorhandenen

Ressourcen zeugen. Dichte allein ist jedoch kein Qualitätskriterium. Wohngebäude mit einer hohen baulichen Dichte sind nur bei sorgfältigster Planung und in einem stabilen Quartier langfristig vermietbar. Intelligente Nutzungsvorschläge und Dimensionierung der öffentlichen und halböffentlichen Zwischenräume ermöglichen bei Konzepten mit maximaler Ausnutzung des Grundstücks trotz alledem eine vollständige Privatsphäre der einzelnen Wohneinheiten.

Ruhender Verkehr

Eine Anforderung an das städtische Wohnen auf der Ebene des Quartiers beziehungsweise des Gebäudes selbst ist die Lösung der Stellplatznachfrage. Im Durchschnitt werden bei Neubauprojekten in Deutschland mindestens 1,5 Stellplätze je Wohneinheit gefordert. Die Zahl von 46 Mio. PKW[35] in Deutschland mit circa 39 Mio. Haushalten[36] macht den Bedarf hierzulande deutlich. Die Berücksichtigung von Stellplätzen im Entwurf kann schnell entwurfsprägend werden, konstruktiv wie auch gestalterisch, und andere Entwurfsanforderungen in den Hintergrund drängen. Egal ob ein radikalkonzeptioneller Umgang mit dem Bedarf an Stellplätzen vorgeschlagen wird oder ein klassisch integrativer, die Stellplatzfrage ist regelmäßig ein entscheidender Diskussionspunkt in Wettbewerbsverfahren wie auch bei beauftragten Planungen. Für die Vermarktung von Wohnbauprojekten sind vorhandene Stellplätze eindeutig verkaufsfördernd. Eine Unterbringung der Stellplätze im Gebäude selbst lohnt sich jedoch erst ab einer Mindestzahl an Wohnungen, auf die die Kosten für die Erstellung des Parkgeschosses anteilig verteilt werden können.

Haus

Der nächste Entwurfsschritt behandelt die unmittelbaren Entscheidungen bezüglich des Wohngebäudes selbst. Mit der Gebäudedimensionierung und -strukturierung werden erste wesentliche Festlegungen getroffen, die in Abwägung zur Bewohnerzahl und -charakterisierung einen Gebäudetyp generieren lassen. Neben der Festlegung der Bandbreite von Wohnungstypen sollten hier der externen Erschließungsform und dem Umgang mit dem Erdgeschoss sowie dem Eingangsbereich besondere Aufmerksamkeit gegeben werden. Gerade diese konkreten Entwurfsentscheidungen sind in einer Entscheidungsfolge mit sämtlichen übergeordneten Entwurfsfestlegungen zu sehen. Auch Überlegungen zur Dauerhaftigkeit des umzusetzenden Programms sollten in den Entwurfsprozess einfließen. So müsste, im Sinne der Nachhaltigkeit, eine flexibel geplante Struktur während der gesamten Lebensdauer eines Gebäudes dessen Nutzbarkeit garantieren. Ebenso sollten eine intelligente Gebäudestruktur und die Materialisierung der Gebäudehülle sowie des Innenausbaus auf einer werthaltigen, städtischen Entscheidung beruhen, die nicht nur auf eine lange Lebensdauer

der einzelnen Bauteile abzielt, sondern auch auf modische Errungenschaften und eine sich abzeichnende Individualisierungstendenz verzichtet.

Aktueller Wohnbedarf

Eine Vielzahl unterschiedlicher Lebensmodelle wird aktuell in einem differenzierten Immobilienmarkt repräsentiert. Neben Wohnmodellen, die bestimmte Altersgruppen ansprechen sollen, ist ein Bedarf nach zeitlich begrenzten Wohnformen zu erkennen, ebenso wie eine Spezifizierung am Markt durch Angebote für bestimmte Milieus entsteht. Ein gesellschaftlicher Trend findet sich eindeutig in der Zunahme der Einpersonenhaushalte wieder und damit in der Nachfrage nach kleinen Wohnungen. Auch der Bedarf an barrierefreien Wohnangeboten für die Generation 50+, die langfristig nutzbare Wohnformen sucht, wird weiter wachsen. Daneben wird es weiterhin eine Vielzahl unterschiedlicher Wohnmodelle geben, die nicht zwingend auf einem passgenauen Angebot basieren, sondern entweder individuell, in Eigenregie verwirklicht wurden oder ein vorhandenes Angebot flexibel nutzen. Der zusätzlich notwendige Bedarf an spezifischem Wohnraum wird nicht nur über Neubauvorhaben, sondern zu einem großen Anteil auch mit der Sanierung und Neuordnung des Bestands gedeckt werden. Die Erfahrung zeigt zudem, dass Konzepten, die neben dem Neubau auch mit der Sanierung von vorhandener Bau-

substanz arbeiten, oftmals eine bessere Vernetzung im Kontext gelingt.

Gebäudetypen

Je nach Größe des Projekts und der Kontextbebauung sind die Stadtbausteine des Punkthauses, der Zeile und des Blocks das klassische städtebauliche Repertoire für eine Wohnnutzung. Die Entwurfsoptionen liegen damit zwischen der Entscheidung für gereihte beziehungsweise freistehende Häuser. Die bereits erwähnten Verdichtungsformen im Wohnungsbau verpflichten sich zum einen dem individuellen Wohnen und zum anderen dem kollektiven, gemeinschaftlichen Wohnen und erfüllen entsprechende Nutzer- und Programmzwänge. Beide Entwurfsoptionen können über ihre Dimension und Typologie für einen oder mehrere Bewohner entworfen werden. Dort, wo im Einparteienhaus die private Wohneinheit direkt am öffentlichen Raum beginnt, ist im Mehrparteienhaus eine Zwischenzone notwendig, die der Hausgemeinschaft zur halböffentlichen Erschließung der einzelnen Wohneinheiten dient. Auch die nicht bebaute Grundstücksfläche wird hier in aller Regel der Hausgemeinschaft gewidmet, dagegen wird diese bei einem Nutzer in der Regel zum privaten Außenraum erklärt.

Im Folgenden wird vor allem die vertikale Verdichtungsform von Wohngebäuden betrachtet, das heißt Gebäude mit externer

Kontext

Erschließung und mehreren Wohnparteien. Hier fallen in der Zwischenstufe zwischen privatem Wohnraum und öffentlichem Stadtraum einzelne Entwurfsentscheidungen, die besondere Aufmerksamkeit verlangen. Das Einparteienhaus dagegen wird gleichermaßen wie die Wohnungen der Mehrparteienhäuser in ihren Entwurfseinflüssen im nächsten Kapitel detailliert erläutert. Für beide Verdichtungsformen gültig ist der Hinweis auf die Abhängigkeit der Tiefe der Bebauung von deren Orientierung. Bauen in der Stadt kann nicht, wie in der Siedlungsplanung üblich, Bebauungsmuster mit optimaler Orientierung generieren. Hier muss eine optimal nutzbare Ausrichtung des Gebäudes ausgearbeitet werden. Sonderbelichtungsformen können zusätzlich für einen ausreichenden Tageslichteinfall sorgen. Grundsätzlich richtet sich die Tiefe von Wohngebäuden nach deren Orientierung, das heißt Belichtungsmöglichkeit. Die Tiefe einer nord-süd-orientierten Bebauung wird aufgrund der lediglich einseitig zu planenden Hauptfunktionen des Wohnens geringer ausfallen als bei einer Ost-West-Orientierung, bei der in beiden Richtungen Wohn- und Individualbereiche angelegt werden können.

Erschließung

Externe Erschließungsformen sind neben der Spännererschließung der Laubengang als Außengang entlang der Fassade beziehungsweise der Innengang im Inneren der Gebäudestruktur. Diese halböffentlichen Bereiche eines Wohngebäudes sollten mit besonderer Sorgfalt geplant werden. Sie stellen nicht nur den funktionalen Erschließungsbereich der Hausbewohner, sondern gleichzeitig den Kommunikations- und Interaktionsraum der Hausgemeinschaft dar. Je nach Maßgabe des Auftraggebers oder Investors kann diese Fläche mehr oder weniger kommunikativ geplant werden und ein entsprechendes Nutzungskonzept stärken. Auch die Schwelle zwischen dem externen Erschließungsbereich und der Wohnung selbst sollte in der Planung umfassend bedacht werden. So kann die Vorzone einer Wohnung Aufenthaltsqualitäten bieten, wenn die natürliche Belichtung und eine entsprechende Raumgröße bewusst eingeplant werden. Die Erschließungsform ist unmittelbar an die Bewohnerstruktur der daraus resultierenden Wohnungstypen gekoppelt. Auch die Gebäudeorientierung kann die Erschließungsform bedingen, so kann die Laubengangerschließung bei einer Nord-Süd-Ausrichtung des Gebäudes gegenüber der Spännererschließung Vorteile in der Anordnung und Ausrichtung der einzelnen Wohneinheiten bieten. Unmittelbar mit der Konzeption der Erschließung ist das Nachdenken über die notwendigen Nebenflächen des Wohnhauses verknüpft. Jeder Wohneinheit muss entsprechend ihres Nutzungstyps ausreichend Lagerraum zur Verfügung stehen. Abstellflächen sollten allerdings auch der Hausgemeinschaft gewidmet werden, nicht nur um Stellfläche für die Müllentsorgung anzubieten, sondern um Fahrräder und Kinderwagen unkompliziert im eingangsnahen Bereich parken zu können.

Eingang und Erdgeschoss

Der Eingangsbereich sowie das Erdgeschoss eines Wohnhauses übernehmen im Übergang zwischen öffentlichem Raum und halböffentlichem sowie privatem Raum eine besondere Rolle. Zum einen soll eine eindeutige Adresse und Identifikation für den Hausbewohner gestaltet werden, gleichzeitig muss die Grenze im Übergang zur Privatheit des Wohngebäudes deutlich kommuniziert werden. Der Eingangsbereich sollte der Anzahl der Bewohner und damit der Gebäudenutzung in seiner Repräsentanz und Größe entsprechen. Gleichzeitig bespielt der Eingangsbereich im Zusammenhang mit dem Erdgeschoss den öffentlichen Raum vor dem Gebäude. Die Fassade des Gebäudes muss sich also in ihrer Orientierung zum öffentlichen Raum als Teil eines großen Ganzen begreifen und funktionale Notwendigkeiten aus der Gebäudestruktur heraus mit einem repräsentativen Auftritt zur Stadt abwägen. Besonders problematisch sind in diesem Zusammenhang geschlossene Erdgeschossfassaden oder Garageneinfahrten. Ein Neubau soll vielmehr als Baustein im städtischen Gefüge den öffentlichen Zwischenraum bespielen und einen nutzbaren Raum mit städtischer Aufenthaltsqualität definieren.

Grundriss

Im Rahmen der mittlerweile fünfzehnjährigen Lehrtätigkeit an der Professur für Entwerfen und Wohnungsbau an der Bauhaus Universität in Weimar haben wir uns mit zahlreichen nationalen und internationalen Standorten von Stralsund bis Kuba auseinandergesetzt und mit den Studierenden versucht standortspezifische und nachhaltige Wohnkonzepte zu entwickeln. Die gesellschaftlichen, klimatischen, städtebaulichen und politischen Rahmenbedingungen waren dabei jeweils völlig unterschiedlich und erforderten eine standortspezifische und sensible Interpretation. Dabei lieferte nicht nur die richtige Methodik den Weg zum Ziel sondern vor allen Dingen das richtige „Gespür" für den Ort war gefordert. Dieses „Spüren" des Ortes, das Wahrnehmen einer charakteristischen Atmosphäre in ihrem urbanen Kontext ist uns ein zentrales Anliegen und wird über verschiedenste Lehrformate, insbesondere den Exkursionen und Workshops vor Ort, intensiv vermittelt.

Da dieser Ansatz im Format des Lehrbuchs nicht kommunizierbar ist, wurde ein aus unserer Sicht vernachlässigter Bereich gewählt, der von den spezifischen Standortparametern unabhängig ist. Bestandteil jedes Semesterentwurfs ist eine dem Entwurf vorgeschaltete Übung, bei der ausschließlich die Wohnung, als der eigentliche, dem Wohnzweck gewidmete Raum, im Mittelpunkt steht.

Die Wahrnehmung und Rezension von Architektur und Wohnbauarchitektur findet in der Fachöffentlichkeit jedoch leider allzu oft über die Gebäudehülle statt. Die Frage nach der Qualität des Wohnraums steht hingegen selten im Mittelpunkt. Diese handwerkliche Grundvoraussetzung in der Wohnungsbauarchitektur erscheint uns jedoch als vorrangiges Lehr- und Lernziel. Interessanterweise scheint die Wahrnehmung und das Interesse der Nutzer und damit unserer eigentlichen Klientel ebenfalls viel stärker von der Wohninnenwelt heraus motiviert zu sein, sonst wäre der Erfolg der zahlreichen Einrichtungsmagazine nur schwer zu erklären.

Sicherlich ist jede Wohnung auch von den standortspezifischen Einflussgrößen geprägt. Das „filetartige" herauslösen der Wohnungen aus ihrem Kontext bietet jedoch gute Ansatzmöglichkeiten, um möglichst objektive Lehraussagen treffen zu können. Dieses bewusste „Herauslösen" der Wohnungen liefert die Leitidee für dieses Lehrbuch. Unabhängig von ihrer städtebaulichen Typologie werden 101 Wohngrundrisse dargestellt und an ihrem Beispiel wesentliche Einflussgrößen des Entwurfsprozesses erörtert. Die Betonung liegt dabei auf dem Entwurf, der praktischen Tätigkeit im studentischen Atelier oder professionellen Büro. Es geht nicht um die Verwissenschaftlichung der wohnungsbaurelevanten Themen, sondern um die Vergegenwärtigung wesentlicher Entwurfsparameter anhand von ausgesuchten Beispielen. Dabei können die ausgewählten Beispiele letztendlich aus der Thematik jedes einzelnen Kapitels betrachtet und analysiert werden, da sämtliche Einflussgrößen im Entwurfsprozess bewusst oder unbewusst in das Ergebnis einfließen.

Der Wohngrundriss ist ein komplexes Gefüge, bei dem Ursache und Wirkung der einzelnen Entwurfsentscheidungen, ähnlich einem oszillierenden Gefäß, in der Konfiguration des Grundrisses sofort spürbar werden. Die Auftrennung des komplexen Entwurfsvorgangs in wesentliche Themenfelder soll eine Positionierung innerhalb des Entwurfsprozess ermöglichen und zu einer Gewichtung der Relevanz für die beabsichtigte Gesamtkonzeption des Entwurfs befähigen. Diese Methode der Dekonstruktion und Abstraktion liefert uns einen wesentlichen didaktischen Ansatz in der Ausbildung.

Die unmittelbaren Auswirkungen der einzelnen Entwurfsentscheidungen auf den gesamten Grundriss wird in diesem Buch Rechnung getragen, indem, unabhängig vom betrachten Aspekt, der Wohnungsgrundriss jeweils vollständig abgebildet wird. Sämtliche Grundrisse wurden über einen allgemein verständlichen und standardisierten Zeichenstil neu aufgearbeitet und sind einheitlich im Maßstab 1:200

Grundriss

abgebildet. Konstruktive Besonderheiten wurden zugunsten der Vergleichbarkeit der Projekte abstrahiert. Darüber hinaus wurden sämtliche Grundrisse mit standardisierten Möbeln in Abhängigkeit zur Wohnungsgröße ausgestattet. Dies ermöglicht eine einfache, visuelle Nutzungszuordnung und offenbart gleichzeitig die Leistungsfähigkeit des Grundrisses.

Der gewünschte Effekt dieses methodischen Ansatzes ist die unvoreingenommene Auseinandersetzung mit den Wohnbedürfnissen und Wohnwünschen, unabhängig von einem konkreten Standort oder einer städtebaulichen Typologie. Dadurch soll die Transformation der Wohnqualitäten in unterschiedlichste Gebäudezusammenhänge ermöglicht werden. So kann zum Beispiel ein Einfamilienhauskonzept unmittelbar in ein komplexes städtisches Wohngebäude transformiert werden. Dabei ist es uns wichtig, dass es hier nicht um einen abstrakten konzeptionellen Ansatz geht, sondern um das Aufzeigen konkreter Handlungsoptionen zur praktischen Umsetzung. Die Trennung der städtebaulichen Typologie von den implizierten Wohngrundrissen liefert einen reichen Fundus, um auf die im ständigen Wandel befindlichen Rahmenbedingungen zu reagieren und attraktive Wohnungsangebote zu entwickeln.

Diese Dekonstruktion des komplexen Entwurfsprozesses ermöglicht darüber hinaus

eine zunächst unabhängige Beurteilung der Einzelaspekte und liefert damit ein reichhaltiges Innovationspotential, das bei einer ganzheitlichen Betrachtung durch die eingeübten Lösungsansätze aus dem Blickfeld zu geraten droht.

Die gewählte Reihenfolge der Themenfelder ist letztendlich irrelevant. Sie repräsentieren Knotenpunkte im Entwurfsprozess, die sich zu unterschiedlich stabilen Netzen fügen und meist in einem, durch den Faktor Zeit begrenzten, Ergebnis gerinnen.

Die Auswahl der Projekte erfolgte unter zwei Gesichtspunkten. Zum einen sollten ausschließlich realisierte Projekte betrachtet werden, die sich im Prozess der Realisierung gegenüber einer Vielzahl von zusätzlichen Einflussgrößen, beispielsweise aus der Konstruktion, Gebäudetechnik, Bauklimatik oder Ökonomie behaupten mussten und damit ihre praktische Anwendbarkeit neben den zahlreichen publizierten Konzepten und Wettbewerbsentwürfen unter Beweis gestellt haben. Zum anderen sollten sie als Referenzbeispiel geeignet sein, um das jeweilige Thema möglichst anschaulich darzustellen.

Die Fachterminologie ist in der Architektur und speziell in der Wohnarchitektur häufig unpräzise und gekoppelt an die unterschiedlichen Wohnkonventionen (beispielsweise unserer ausländischen Studierenden) der

Projektbeteiligten und führen zu diffusen Bildern und Missverständnissen. Das konkrete, belegbare Beispiel kann hier die nötige Transparenz im Kommunikationsprozess erzeugen.

Drei Ebenen im Umgang mit diesen Referenzarchitekturen bilden dabei die Gesprächsbasis und sind elementarer Bestandteil der Lehrtätigkeit. Die wichtigste ist sicherlich das gemeinsame Erleben der Bauwerke direkt vor Ort. Ein weiteres Medium ist das Festhalten der Eindrücke mittels der Fotografie oder Skizze und schließlich die Abstraktionsform der Zeichnung, die neben dem Modell das elementare Kommunikationsmedium der Architektur darstellt.

Entsprechend wurden für das Buch die Projekte sorgfältig neu umgezeichnet. Diese Zeichnungen bilden den eigentlichen Inhalt des Buches und werden durch ihre thematische Zuordnung und die begleitenden Texte lediglich kommentiert. Damit bietet das Buch eine zweite Leseebene in Form eines Grundrisskatalogs, der verschiedene Entwurfsabsichten unabhängig vom jeweils zugeordneten Thema referenzieren lässt.

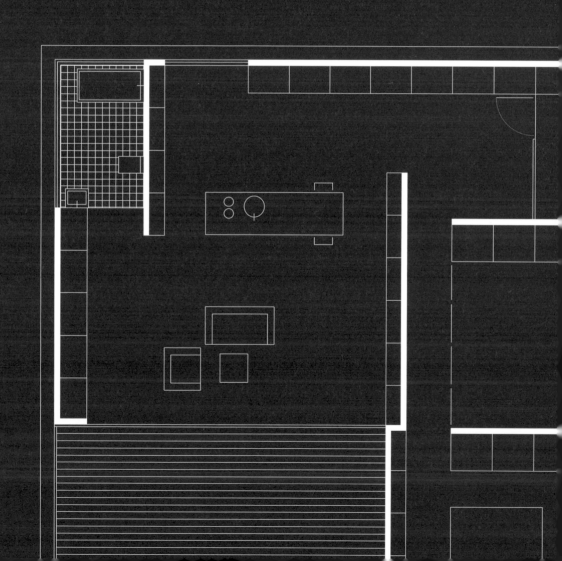

Einleitung

Wohngrundrisse zeichnen sich häufig durch eine Vielzahl unterschiedlicher Grundrissmerkmale aus. Der Versuch, charakterisierende Gruppen für das breite Feld von Wohnungsgrundrissen festzulegen, endet dabei regelmäßig in diffusen, nicht vergleichbaren Kategorien, die sich zudem durch große Schnittmengen auszeichnen. Für einzelne Grundrissaspekte selbst ist ein Ordnungssystem schnell gefunden; Orientierung, Geschossigkeit, Größe, Veränderbarkeit et cetera sind präzise für jede Wohnung festzustellen. Die Summe der Einzelaspekte aber in logischen, übergeordneten Grundrisstypen abzubilden, erscheint aufgrund der entstehenden Komplexität kaum möglich. Dieses Kapitel konzentriert sich in seiner Kategorisierung daher gezielt auf die räumliche Organisation der Grundrissstruktur. In der bereits erläuterten Erkenntnis wird damit der Versuch unternommen, Themenfelder zu benennen, die übergeordnete Grundrisstypen charakterisieren und ein dementsprechend breites Wohnverständnis vermitteln.

Die Themenfelder folgen der Charakteristik räumlicher Strukturen, wobei die Organisation der Wohnfunktionen die Grundlage der Gruppenbildung darstellt. Im Spannungsfeld von offenen bis öffentlichen und privaten, räumlich getrennten Wohnmodellen ergeben sich letztendlich zwei mögliche Grundrissgruppen: eine, bei der die Wohnfunktionen räumlich getrennt in

Form eines Zellengrundrisses angeordnet werden und als Gegenpol das offene Wohnen, bei dem zumeist die kommunikativen Wohnfunktionen zu einem gemeinsamen Bereich verbunden werden. Beide Gruppen wiederum beinhalten ein breites Spektrum von Beispielen, die den Typus in weichen Bildern und in der notwendigen Stufung des jeweiligen Aspekts nachzeichnen.

Eine hier nicht vorgenomme Typenbildung, die der Vermarktungsebene folgt und damit eher auf den Bewohner zielt, benennt Wohnformen auf der Basis sozialer, nutzerspezifischer Aspekte (z.B. Wohnen mit Kindern, Mehrgenerationenwohnen) oder nach Ausstattungsstilen (z.B. modernes Wohnen, ökologisches Wohnen). Diese Betrachtungen sind im Grundriss jedoch selten nachzuvollziehen oder sie spezifizieren einen Bedarf im Sinne einer marktwirtschaftlichen Einordnung. Hier erfolgt dagegen bewusst eine strukturelle Annäherung, die zudem für den Entwurf eine relevante Entscheidung darstellt. Erst mit dem Versuch einer Gruppenzuordnung ist es möglich, Entwicklungslinien herauszuarbeiten und damit die Breite des Themenfelds Wohngrundriss in Teile aufzuschlüsseln und ein Weiterdenken vorhandener Ansätze zu forcieren. Gleichzeitig hilft die Einordnung des eigenen Entwurfs in eine systematische Ordnung die Kommunikation zwischen Lehrenden und Studierenden beziehungsweise Architekt und Auftraggeber zu präzisieren.

Grundriss

Zellengrundriss

Der Begriff „Zellengrundriss" beziehungsweise veraltet „Kammergrundriss" bezeichnet Grundrissbeispiele, bei denen jeder
Wohnfunktion ein separater Raum zugeordnet wird. Diese Funktionstrennung steht in
der Tradition des vormodernen Wohnungsbaus. Der heutige Rückgriff im Entwurf von
Wohnungsbauten auf speziell gewidmete
Räume, die Inszenierung von deren Abfolge
in Wohnungen mit hierachisiertem Raumangebot greift den Trend der individuellen, spezifischen Nachfrage auf. Gleichzeitig gerät
dieser Grundrisstyp teilweise in Konflikt mit
den veränderten gesellschaftlichen Werten,
die sich nicht nur an einem geänderten
Rollenbild der Frau festmachen. Auch das
gemeinsame Wohnen hat sich in einem
Maße geändert, dass zum Beispiel Kochen
nicht weiter hinter verschlossene Türen ver-
bannt, sondern als wichtige kommunikative
Funktion in den Mittelpunkt des eigenen
Wohnverständnisses gestellt wird. Für die
Erschließung der einzelnen Räume wird bei
diesem Grundrisstyp Erschließungsfläche in
Form eines Flurs oder einer Diele notwendig. Der zusätzliche Flächenbedarf für diese
Verkehrsflächen bedeutet allerdings nicht
immer einen größeren Flächenverbrauch gegenüber der integrierten Erschließung des
offenen Wohnes.

Auf einem konsequenten Raumkonzept
entwickelten Morger & Degelo die 79 m²
große Wohnung im Klybeckquartier in Basel
[001]. Über eine Diele werden die Küche,
der Wohn- und Essbereich und ein zweiter
Verteilerraum erschlossen. Aus diesem sind
die beiden Individualräume mit vorgela-
gertem privaten Außenraum sowie der
Sanitärbereich zugänglich. Mit dem Prinzip,
Wohnfunktionen um einen zentralen Verteilerraum zu organisieren, wird ein effizienter
und flächensparender Erschließungsbereich
ermöglicht.

In der Geschosswohnung in Freiburg von
pfeifer roser kuhn architekten [002] bilden
der Erschließungs- und Sanitärbereich einen
mittigen Kern, der die kommunikativen Räume von den individuellen Räumen trennt.
Nach dem zentralen Zugang fungiert ein
Erschließungsraum als Verteiler zwischen
Wohn-, Koch- und individuellem Bereich.
Über einen zweiten Erschließungsflur werden die beiden Individualräume, der Sanitärbereich sowie ein Abstellraum erschlossen.

Eine weitere Variante zeigt die beginnende
Öffnung und Kombination der kommunikativen Funktionen Wohnen und Essen. Diener
& Diener ordneten am Riehenring in Basel
[003] im Eingangsgeschoss neben dem
Kochbereich zwei weitere kommunikative
Räume vis-à-vis an, die durch großzügige
Öffnungen in den zentralen, zweigeschossigen Erschließungsraum übergehen. Im
oberen Geschoss sind um die Erschlie-
ßungsgalerie drei Individualräume sowie
zwei Sanitärräume angeordnet.

[001]

Morger & Degelo
Klybeckstraße
Basel (CH)

Wohnfläche
79,0 m²

Außenraum
11,0 m²

Individualräume
2

Orientierung
II

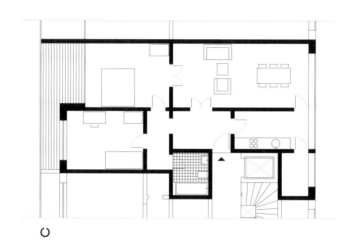

Grundriss

[002]

pfeifer roser kuhn
architekten
Runzmattenweg
Freiburg (DE)

Wohnfläche
94,0 m²

Außenraum
10,2 m²

Individualräume
2

Orientierung
III

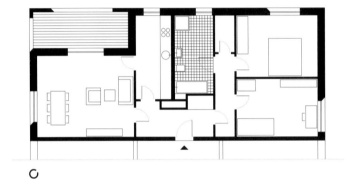

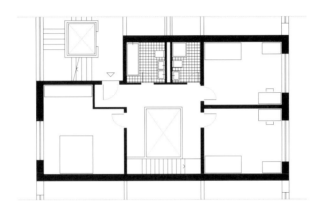

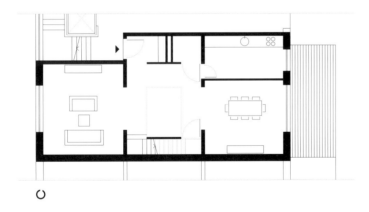

[003]

Diener & Diener
Riehenring
Basel (CH)

Wohnfläche
139,4 m²

Außenraum
14,9 m²

Individualräume
3

Orientierung
II

Grundriss

Offenes Wohnen

Unter offenem Wohnen sind alle Entwurfsansätze gemeint, die auf der Kombination kommunikativer, teilweise auch individueller Bereiche beruhen. Offenes Wohnen beginnt damit bei der kombinierten Wohn-/Esssituation und endet im fließenden Grundriss oder im Loft. Dieser Grundrisstyp kann ohne zusätzliche Erschließungsfläche organisiert werden, da diese häufig als integrierter Bestandteil des offenen Wohnbereichs geplant wird. Offene Wohngrundrisse stehen im Ergebnis einer sich verändernden Gesellschaft und deren Wohnverständnis ebenso wie von bautechnischen und funktionalen Entwicklungen. Dass heute verstärkt Wohnangebote nachgefragt werden, die über die Zusammenlegung einzelner Wohnfunktionen hoch kommunikativ sind, liegt auch an den sich seit Jahrzehnten ändernden Lebens- und Arbeitsverhältnissen. In diesem Zuge verändern sich Wohnvorstellungen weg vom privaten Refugium zu Wohnkonzepten, die repräsentativere, öffentlichere Aufgaben übernehmen. Wohnen wird zur Präsentationsplattform einer gewachsenen Individualität. Hierarchische Raumkonzepte, die Familienstrukturen abbilden, können die heterogene Nachfrage am Immobilienmarkt bei Weitem nicht mehr bedienen und finden im offenen Grundrisstyp eine wichtige Ergänzung.

In Kilchberg entwarfen Gigon/Guyer Architekten Geschosswohnungen mit einem kombinierten Wohn- und Essbereich, der fließend in den privaten Außenraum übergeht [004].

Die eingestellte Funktionsbox im Piraeus-Gebäude von Hans Kollhoff und Christian Rapp in Amsterdam [005] nimmt sowohl die Koch- und Sanitärfunktion auf und ist gleichzeitig Raumteiler des offenen Kommunikationsbereichs. Die Box besetzt die kommunikative Fläche aus Koch-, Ess- und Wohnbereich jedoch nicht mittig, sondern bildet klare Zonen zum Erschließen der Individualräume, zum Kochen genauso wie zum Essen und Wohnen.

Shigeru Ban ordnet im Furniture House I [006] mithilfe raumhoher Möbelschichten die einzelnen Funktionsbereiche so an, dass sowohl Türen als auch raumumschließende Wände nicht notwendig werden. Die Funktionen fließen ineinander, gleichzeitig bilden sich klare Bereiche, die durch die Orientierung der Möbelschichten gefasst und bespielt werden.

Das Lofthaus in Basel von Buchner Bründler Architekten [007] zeigt die komplette Auflösung einzelner Funktionsbereiche zu einem Raum. Lediglich der Erschließungskern mit angelagertem Sanitärbereich zoniert das sogenannte Loft. Durch das Schließen zweier raumhoher Schiebetüren kann jedoch auch bei diesem Projekt privater Rückzugsbereich entstehen.

[004]

Gigon/Guyer Architekten
Im Broelberg
Kilchberg (CH)

Wohnfläche
122,5 m²

Außenraum
11,9 m²

Individualräume
2

Orientierung
III

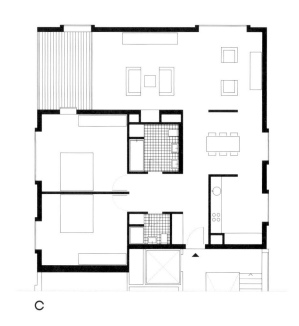

C

Grundriss

[005]

Hans Kollhoff,
Christian Rapp
Levantkade
Amsterdam (NL)

Wohnfläche
72,8 m²

Außenraum
12,4 m²

Individualräume
3

Orientierung
II

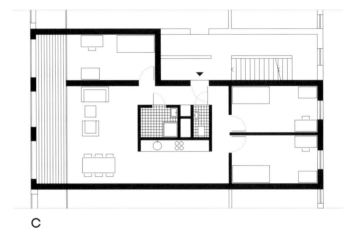

C

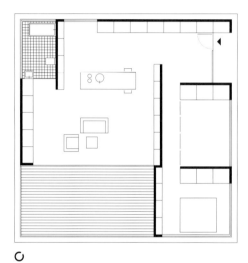

[006]

Shigeru Ban
Lake Yamanaka
Yamanashi (JP)

Wohnfläche
108,0 m²

Außenraum
24,5 m²

Individualräume
2

Orientierung
IV

Grundriss

Buchner Bründler
Architekten
Colmarerstraße
Basel (CH)

Wohnfläche
178,0 m²

Außenraum
26,0 m²

Individualräume
1

Orientierung
II

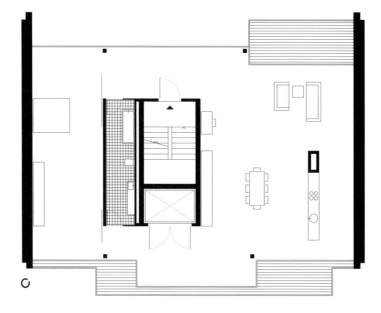

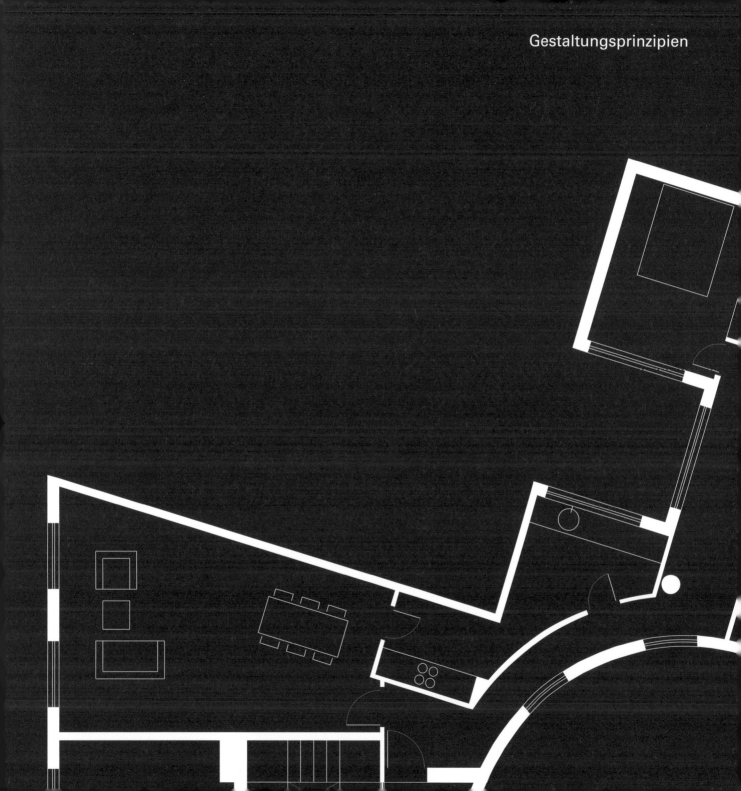

Einleitung

Der Wohnungsbau stellt eine besondere Disziplin im Feld der Architektur dar. Er ist geprägt von einer Vielzahl von funktionalen, ökonomischen und sozialen Faktoren, die über Standards, Richtlinien und Gesetze entscheidenden Einfluss auf die Gestaltung ausüben. Darüber könnte der Eindruck entstehen, dass Wohnungsbau unter Berücksichtigung dieser Regeln formelartig reproduzierbar wäre, so wie dies zum Beispiel im Massenwohnungsbau der Nachkriegszeit häufig praktiziert wurde. Das Gegenteil ist jedoch der Fall. Der qualitätsvolle architektonische Wohnungsbauentwurf basiert auf einer Vielzahl von freien Gestaltungsfaktoren, die durch Interpretation und Transformation zum individuellen Entwurf führen. Es sind letztendlich die gleichen Gestaltungsprinzipien und Methoden, die für die Architektur im Allgemeinen stehen. Das Spektrum dieser Faktoren kann daher hier nur beispielhaft angerissen werden. Es reicht vom freien künstlerischen Ausdruck bis hin zu konkreten Gestaltungstheorien. Der bewusste Umgang mit diesen Gestaltungswerkzeugen eröffnet dem Entwerfer ein reichhaltiges Repertoire an individuellen Ausdrucksmöglichkeiten im Wohnungsbau.

Eine Kategorisierung dieser Gestaltungsprinzipien ist aufgrund ihrer Vielzahl und Komplexität nur schwer möglich. In diesem Kapitel sollen beispielhaft drei Kategorien gebildet werden. Die erste folgt beispielsweise der Auseinandersetzung mit dem konkreten Entwurfsstandort, das heißt dem Ort. Eine weitere Gruppe lässt sich aus dem unstillbaren Interesse aller Gestalter an den grundsätzlichen form- beziehungsweise raumbildenden Elementen und Methoden ableiten. Die letzte Gruppe repräsentiert Gestaltungsprinzipien, die sich in Form von Theorien manifestiert haben und darüber Einfluss in den Entwurf finden. Letztendlich stehen die beispielhaft gebildeten Kategorien für das Spektrum der Möglichkeiten, dem freien Gestaltungswillen Ausdruck zu verleihen. Die Gestaltungsprinzipien können dabei annähernd beliebig miteinander kombiniert werden, so dass endlose Möglichkeiten bestehen, den individuellen Charakter eines Gebäudes oder einer Wohnung auszuprägen.

Viele der Gestaltungsprinzipien werden unbewusst, aus dem Bauch heraus, eingesetzt und entwickeln sich zur Handschrift des Entwerfers. Der bewusste Umgang mit diesen Prinzipien eröffnet den Zugang zu vergleichbaren Projekten und die Möglichkeit der Präzisierung der eigenen Ideen und Konzepte.

Grundriss

Ort, Kontext, Typologie

Auf den ersten Blick scheint sich die Dimension des Orts vor allen Dingen auf die städtebaulichen Maßstäbe des Entwurfs zu beziehen und daher nur indirekt auf den Grundriss Auswirkung zu haben. Am Beispiel einer städtischen Baulückensituation, aber auch dem Gegenteil, einem völlig freistehenden Gebäude, erkennt man jedoch schnell, wie unmittelbar der Ort im Grundriss verankert ist. Der Ort wird häufig unter dem Begriff des Kontextes beschrieben. Dieser Kontext umfasst das gesamte Maßstabsspektrum von der Makro- bis zu Mirkoebene, zum Beispiel von der klimatischen Situation über die Struktur des gesamten Quartiers bis hin zur konkreten Materialität der unmittelbaren Nachbarbauten. Die Vielzahl der Einzelfaktoren und deren unterschiedliche Ausprägungen repräsentieren die Einzigartigkeit, die Identität des Orts. Das Gespür für diese individuelle Atmosphäre ist eine wesentliche Grundvoraussetzung für die qualifizierte Entwurfsarbeit. In manchen Orten oder Regionen haben sich entweder aus einer traditionsbetonten Entwicklungsgeschichte oder aus klaren städtebaulichen Vorgaben Gebäude- und damit meist auch Wohnungstypologien entwickelt. Diese Typen haben ähnlich einem Produkt, wie zum Beispiel einem PKW, eindeutige Merkmale, die über die Zeit angepasst und optimiert wurden und sich darüber inhaltlich verdichtet haben. Der Rückgriff und die Weiterentwicklung dieser Typologien ist gerade im akademischen Kontext eine wichtige Entwurfsmethode. Der Architekt Michael Alder hat sich unter anderem durch seine Lehrtätigkeit intensiv mit Wohntypologien auseinandergesetzt. Ein Beispiel hierfür ist das Wohnhaus in Itingen [008]. Aus der systematischen Analyse verschiedener Einfamilienhäuser der Region entwickelte er einen auf die Grundwesensmerkmale reduzierten Urtyp.

Das Projekt von Antonio Cruz in Sevilla [009] ist geradezu exemplarisch für den unmittelbaren Einfluss des Orts, hier eine verwinkelte Baulückensituation, auf den Entwurf. Die klimatischen Bedingungen lassen eine geringere unmittelbare Belichtung zu, so dass die Wohnung im Wesentlichen durch einen Patio belichtet und belüftet wird. Die übrige Grundrissform ergibt sich aus den benachbarten Brandwänden.

Die Casa Kalmann [010] von Luigi Snozzi im Tessin ist konsequent aus dem Thema „Topografie des Orts" entwickelt und verbindet damit das Gebäude unverrückbar mit dem spezifischen Ort. Die Rückwand des Gebäudes folgt exakt dem Höhenverlauf des Weinbergs, nutzt ihn als Erschließungsweg und inszeniert ihn zusätzlich durch einen großzügigen Freisitz am Ende.

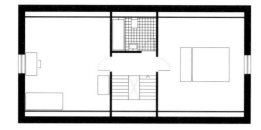

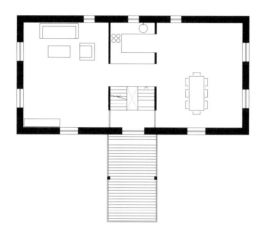

[008]

Michael Alder
Hinter den Gärten
Itingen (CH)

Wohnfläche
188,7 m²

Außenraum
12,5 m²

Individualräume
5

Orientierung
IV

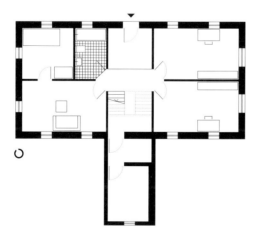

Grundriss

[009]

Antonio Cruz
Calle Doña Maria Coronel
Sevilla (ES)

Wohnfläche
108,2 m²

Außenraum
0,0 m²

Individualräume
3

Orientierung
I, Patio

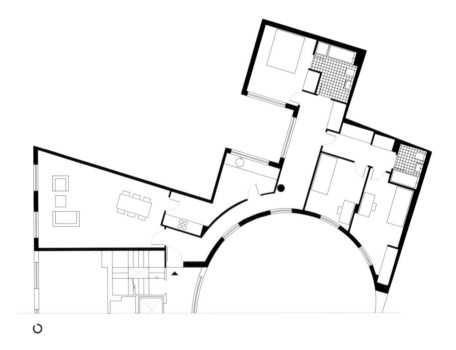

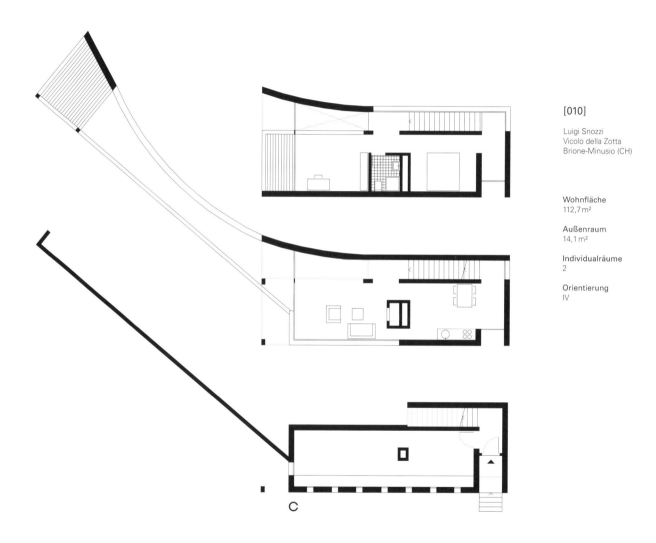

Luigi Snozzi
Vicolo della Zotta
Brione-Minusio (CH)

Wohnfläche
112,7 m²

Außenraum
14,1 m²

Individualräume
2

Orientierung
IV

C

Grundriss

Stil, Theorie

Die gesamte Architekturreflexion ist eng verknüpft über die Einordnung in Stile und Stilepochen. Die Gestaltungsmerkmale einer bestimmten Zeit werden in Stilen zusammengefasst, die nicht nur die entsprechende Ästhetik, sondern auch den gesellschaftlichen Kontext transportieren. Die Stile sind je nach ihrer Wirkungsdauer und ihrem geografischen Einflussbereich von unterschiedlicher Bedeutung. Neben den gesicherten Stildefinitionen existieren zahlreiche Unterformen in Form von Ideologien, Strömungen oder auch nur modischen Erscheinungsbildern. Zu diesen Formen könnte man auch Gestaltungstheorien zählen, die meist ein prägendes Merkmal der Stilentwicklung darstellen. Zwei wichtige Stellvertreter hierfür sind der „Raumplan" von Adolf Loos sowie der „plan libre" von Le Corbusier. Interessant dabei ist, dass viele der hervorragenden Architekten ihre Entwurfsarbeit über einen theoretischen Kontext fundamentieren. Es ist fast nicht möglich, unbeeinflusst von diesen stilistischen oder theoretischen Ansätzen zu entwerfen. Selbst in der Gegenreaktion findet eine entsprechende Auseinandersetzung statt.

In der zeitgenössischen Architektur stellt dabei die Moderne eine der einflussreichsten Stilgattungen dar, aber auch andere Stile mit ihrem reichhaltigen Fundus an Gestaltungsmerkmalen wie zum Beispiel Raumgliederung, Proportion, Ornamentik oder Farbigkeit stellen wesentliche Bausteine für die Entwurfskonzeption zur Verfügung. Unsere heutige Zeit zeichnet sich durch die häufig als Pluralismus bezeichnete Vielfalt der Möglichkeiten aus. Stile werden dabei immer häufiger im bewussten Rückgriff eingesetzt, um ästhetische und zum Teil auch damit verbundene gesellschaftliche Werte zu transportieren.

Bei dem Wohnhaus in Sarnen von Beda Dillier [011] wurde beispielsweise das Konzept des „plan libre" interpretiert. Der längsgerichtete, südorientierte Raum wird durch zwei tragende Stützen frei unterteilbar. Die Folge sind unterschiedlichste Konfigurationsmöglichkeiten der ansonsten gleich dimensionierten Wohnungen.

Der Neubau einer Villa in Berlin Dahlem [012] von Petra und Paul Kahlfeldt setzt bewusst den stilistischen Rückgriff ein, um aus dessen Gestaltungsrepertoire die architektonischen Ausdrucksmöglichkeiten auszuloten. Auch der Grundriss ist von dieser Entwurfshaltung geprägt. Typische Merkmale sind beispielsweise die spiegelsymmetrische Grundfigur, die Säulen, die Eingangshalle mit der Treppenanlage oder die Enfilade.

[011]

Beda Dillier
Kirchstraße
Sarnen (CH)

Wohnfläche
108,0 m²

Außenraum
20,0 m²

Individualräume
2

Orientierung
III

Grundriss

[012]

Petra und Paul Kahlfeldt
Max-Eyth-Straße
Berlin-Dahlem (DE)

Wohnfläche
600,0 m²

Außenraum
75,0 m²

Individualräume
4

Orientierung
IV

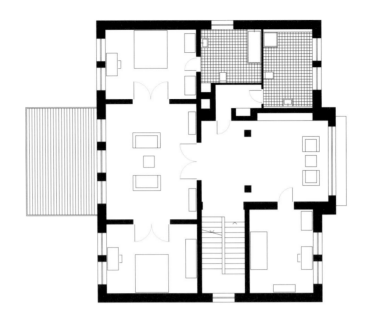

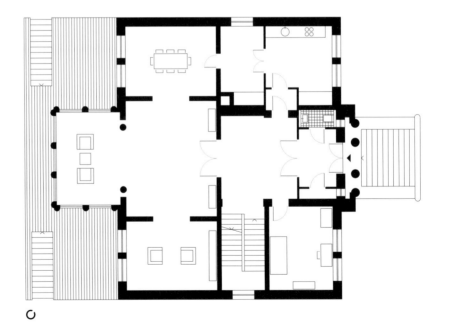

Morphologie

Die Auseinandersetzung mit der Form sowohl in der Zweidimensionalität als auch der räumlichen Dimension ist sicherlich eines der grundlegenden Gebiete der architektonischen Lehre. Das Spektrum der Gestaltungsprinzipien in diesem Bereich ist extrem komplex. Die Thematik beginnt beispielsweise bei den Fragen zu Symmetrie oder Asymmetrie oder der Linearität gegenüber den freien Formen. Auf ähnlich grundlegender Ebene stehen die Maß- und Proportionssysteme, die in jedem Entwurf bewusst oder unbewusst zur Anwendung kommen. Unter dem Einfluss einer baukonstruktiven Standardisierung und Normung entwickeln sich hieraus wiederum verschiedene Rastersysteme. Einen weiteren wesentlichen Einflussfaktor bei der Entwicklung der Gebäude oder Grundrissform bilden die geometrischen zwei- und dreidimensionalen Grundformen. Demgegenüber stehen die sogenannten freien Formen, die meist über einen künstlerischen Ansatz entwickelt werden. Der bautechnische Fortschritt erlaubt zudem, diese Entwurfsansätze zunehmend in die Realität umzusetzen. Die Anwendung der formbildenden Gestaltungsmethoden auf den Grundriss erlaubt nicht nur eine funktionale Erfüllung eines Raumprogramms, sondern ermöglicht die präzise Steuerung von Raumzusammenhängen und der Wirkung einzelner Räume.

Das Studentenwohnheim von Geurst & Schulze [013] in Den Haag ist ein Beispiel für den aus der geometrischen Form des Kreises abgeleiteten Entwurfsansatz. Die eingeschriebene Kreuzform trennt die vier Individualräume und beinhaltet als raumhaltige Schicht die zusätzlichen dienenden und kommunikativen Funktionen.

Einen ähnlichen Entwurfsansatz wählen Bearth & Deplazes für das an einem Berghang in Fanas [014] gelegene und nur temporär genutzte Wohnhaus. Aus der städtebaulichen Unabhängigkeit der Situation leitet sich die Auseinandersetzung mit einer geometrischen Grundfigur, hier dem Quadrat, ab. Konsequenterweise wurden die übrigen Wohnbereiche aus der spiegelsymmetrischen Teilung des Quadrats entwickelt.

Einen ganz anderen Weg, der jedoch auch aus dem freien Gestaltungswillen motiviert wurde, ist das Projekt für ein Doppelhaus von Christian Kerez [015]. Als prägendes, plastisches Element wird hier die Wohnungstrennwand frei geformt und über die angegliederte Erschließung in Form einer Kaskadentreppe inszeniert. Wieder ist die städtebauliche Freistellung des Baukörpers eine wichtige Vorraussetzung für diese Art der Grundriss- und Gebäudekonzeption.

Grundriss

[013]

Geurst & Schulze
architecten
Bilderdijkstraat
Den Haag (NL)

Wohnfläche
129,0 m²

Außenraum
12,0 m²

Individualräume
4

Orientierung
IV

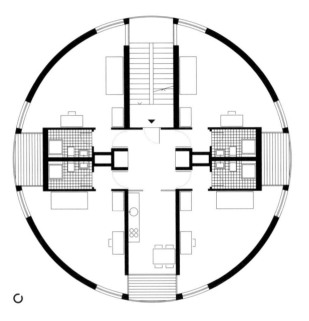

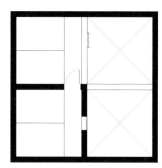

[014]

Bearth & Deplazes
Architekten
Fanas (CH)

Wohnfläche
51,5 m²

Außenraum
15,0 m²

Individualräume
1

Orientierung
IV

Grundriss

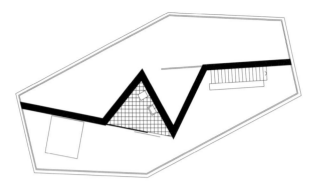

[015]

Christian Kerez
Burenweg
Zürich (CH)

Wohnfläche
117,8 m²

Außenraum
0,0 m²

Individualräume
1

Orientierung
III

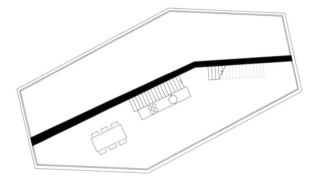

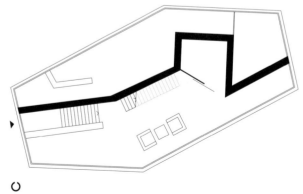

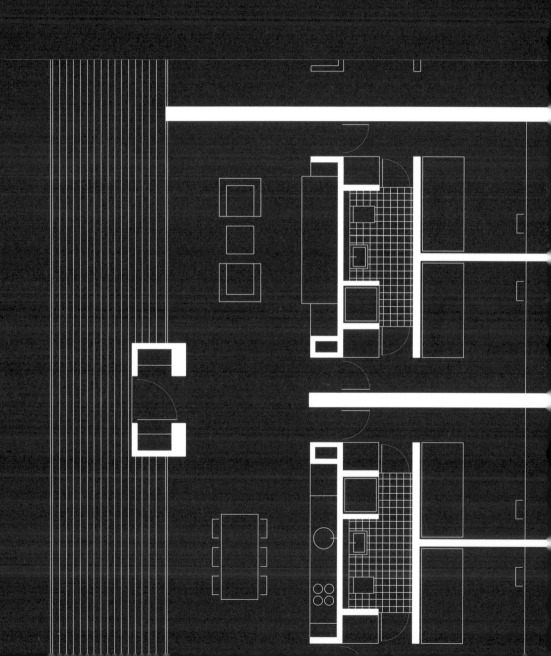

Einleitung

Der Bewohner definiert nicht nur seine persönlichen Wohnwünsche, sondern hat auch mit einzelnen „harten Faktoren" einen klaren Wohnbedarf. Im Ergebnis wird das als wesentliche Entwurfsvorgabe bekannte Raumprogramm durch den Bewohner und zu einem besonderen Teil durch die Bewohneranzahl definiert. Die Anzahl der Bewohner hat also einen wesentlichen Einfluss auf den Grundrissentwurf, da sich aus ihr die Haushaltsgröße und unter anderem die Anzahl der notwendigen Individualräume ergibt. Neben dem Wissen um dieses notwendige Raumangebot werden gleichzeitig die zusätzlichen Wohnfunktionen qualitativ und quantitativ umrissen. Die Anzahl, Größe und Ausstattung der Sanitärbereiche, des Koch-/Ess-/Wohnbereichs, der privaten Außenräume sowie die Grundrissorganisation dieser Wohnfunktionen sind Ergebnisse der Auseinandersetzung mit den Bewohnern selbst. Der unmittelbare Bezug von Bewohneranzahl zur Wohnungsgröße ist eindeutig, jedoch bei weitem nicht proportional. Je größer die Bewohneranzahl, umso ökonomischer werden dienende Funktionen sowie Gemeinschaftsbereiche einer Wohnung. Die individuelle Wohnfläche und in diesem Zusammenhang die Flächen der zugehörigen Sanitärbereiche verändern sich dagegen direkt proportional zur wachsenden Bewohnerzahl.

Ein Haushalt, das heißt eine Wirtschaftseinheit, besteht mindestens aus einer Person. Privathaushalte mit mehreren Personen werden üblicherweise in Familien, also verwandte, verheiratete Personen, sowie in Wohngemeinschaften, in der Regel nicht verwandte, verheiratete Personen unterschieden. Im Wohnungsbau verfolgen wir eine andere Lesart: Egal ob verwandte, verheiratete Personen in einem gemeinsamen Haushalt leben oder nicht verwandte Personen, ab zwei Bewohnern handelt es sich um eine Wohngemeinschaft. Die Regeln der Rücksichtnahme sowie die Anordnung der kommunikativen und individuellen Bereiche haben für beide Wohnformen Gültigkeit. Eine Unterscheidung ist nicht notwendig.

Die Bewohneranzahl verweist, wie erläutert, direkt auf die Haushaltsgröße, die als statistische Größe für Deutschland eine eindeutige Entwicklungstendenz formuliert: ein stetiger Anstieg von Ein- und Zweipersonenhaushalten. Aufgrund einer sich verändernden Altersstruktur und einer deutlichen Individualisierungstendenz der Gesellschaft wächst der Bedarf an Wohnungen für eine Person. Gleichzeitig findet eine Pluralisierung der Nachfrage von Wohnraum statt. Dieselbe Nutzeranzahl bedingt also nicht zwingend dieselben Grundrissantworten. Auf den folgenden Seiten sollen daher die Projektbeispiele jeweils das Spektrum innerhalb einer Haushaltsgröße aufzeigen. Da Individualräume zumindest von Paaren gemeinsam genutzt werden können, überschneiden sich die Referenzbeispiele der hier benutzten Gliederung jeweils in ihrer maximalen und minimalen Bewohnerzahl.

Grundriss

Ein Bewohner

Egal wie viele Bewohner eine Wohnung nutzen, es werden grundlegend die selben Anforderungen an das Wohnen gestellt; sie spiegeln sich in den einzelnen Wohnfunktionen wider. Im Fall des Einpersonenhaushalts ist die Abwägung zwischen vollständigem Funktionsangebot und dadurch entstehendem Flächenverbrauch eine entscheidende Entwurfskomponente. Das Spektrum reicht vom kompakten Einraumgrundriss bis zum mehrgeschossigen Haus für eine Person. Mit 38 % der Privathaushalte ist der Einpersonenhaushalt heute der am stärksten vertretene Haushaltstyp in Deutschland, dessen Wohnfläche im Durchschnitt bei 62,5 m² liegt. Damit verbrauchen Einpersonenhaushalte fast 50 % mehr Wohnfläche als mit 43 m² je Person in Deutschland üblich. Trotz verbesserter Geräte und Heiztechnik führt unter anderem diese Entwicklung zum weiteren Anstieg des Energieverbrauchs von privaten Haushalten in Deutschland. Im Hinblick auf sinkende Energieressourcen muss hier zum Umdenken aufgefordert werden. Das ökonomische und ökologische Hinterfragen des Entwurfs sollte gerade in diesem Zusammenhang regelmäßig erfolgen.

Die Funktionsverdichtung im Grundriss, das heißt das Verschmelzen von Individualraum mit den kommunikativen Bereichen einer Wohnung zu einem Allraum, der je nach Tageszeit und Nutzerwunsch alle Szenarien erfüllen muss, ist eine häufig angewendete Grundrissvariante für einen Nutzer. Nach einer kompakten Koch- und Sanitärsituation, die als Filterschicht die Appartements des Katholischen Gemeindezentrums in Stuttgart [016] vom Laubengang abschottet, bietet ein rund 28 m² großer Raum ausreichend Platz für die unterschiedlichen Tages- und Nachtnutzungen.

Dass ein vollständiges Funktionsangebot für eine Person durchaus auch vertikal organisiert werden kann, zeigt das Beispiel des ehemaligen „Olympischen Frauendorfs" in München [017], das momentan erneuert wird. Die Wohnfläche von 23,3 m² wird auf zwei Ebenen verteilt, wobei im Erdgeschoss neben dem Schlafbereich auch alle dienenden Funktionen angeordnet sind. Das Obergeschoss wird dem Arbeitsplatz mit Bezug zur Terrasse gewidmet. Ein Aspekt, der häufig in kleinen Wohnungen wenig Raum findet, nämlich ausreichende Abstell- und Lagerfläche, ist hier im Erdgeschoss über einen begehbaren Schrank gelöst.

Mit 52,4 m² liegt die Wohnung im Wohnturm auf der Theresienhöhe in München [018] noch unter der durchschnittlichen Wohnfläche eines Einpersonenhaushalts in Deutschland. Die in drei Raumschichten gegliederte Wohneinheit bietet ein vollständig räumlich getrenntes Funktionsangebot, das neben einer repräsentativ-kommunikativen Nutzung, durch die gleichzeitig erschlossen wird, auch den privaten Rückzug ermöglicht.

[016]

Lederer + Ragnarsdóttir + Oei
Besigheimer Straße
Stuttgart (DE)

Wohnfläche
38,5 m²

Außenraum
4,5 m²

Individualräume
1

Orientierung
II

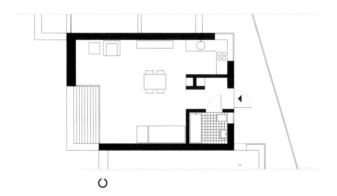

Grundriss

[017]

Werner Wirsing
Connollystraße
München (DE)

Wohnfläche
23,3 m²

Außenraum
6,9 m²

Individualräume
1

Orientierung
I

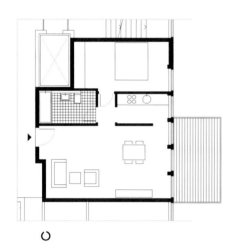

[018]

Steidle + Partner
Hans-Dürrmeier-Weg
München (DE)

Wohnfläche
52,4 m²

Außenraum
11,7 m²

Individualräume
1

Orientierung
I

Grundriss

Zwei Bewohner

Ab zwei Bewohnern beginnt das gemeinsame Wohnen, das heißt eine synergetische, gemeinschaftliche Nutzung von einzelnen Funktionen, die stufenweise, je nach persönlicher Beziehung der Bewohner, noch individuell oder schon durch beide gemeinsam genutzt werden. Die kommunikativen und gemeinsamen Bereiche der Wohnung sollten zu den individuellen, privaten Bereichen im günstigsten Fall räumlich so angeordnet werden, dass keine gegenseitige Störung erfolgt. Die Funktionsreduktion auf den Allraum ist in dieser Kategorie daher nur noch für Lebenspartnerschaften vorstellbar und auch dann fehlt der persönliche Rückzugsbereich des Einzelnen beziehungsweise ein Gästebereich. Daher stellen wir in diesem Kapitel nur Grundrisse mit mindestens einem Individualraum vor. Dass dieser jeweils von einer Person oder von einem Paar genutzt werden kann, steht außer Frage.

Die Wohnung im Hansaviertel-Wohngebäude von Egon Eiermann [019] zeigt auf knapp 50 m² eine Funktionsverteilung in einen Wohn- und Essbereich mit offener Kochsituation sowie einen zusätzlichen Individualraum. Das Erschließen der Wohnung über einen Flur ermöglicht einen direkten, ungestörten Zugang zum Individualraum. Der Sanitärbereich ist dem Individualraum zugeordnet. Beide Räume sind vom kommunikativen Bereich der Wohnung zusätzlich durch einen Mauervorsprung im Flurbereich so getrennt, das eine privatere Erschließungszone entsteht.

Das Projekt von Kuhn Fischer Partner Architekten in Oberwil bei Zug [020] stellt mit 76 m² Wohnfläche den klassischen Wohngrundriss für eine nachhaltige und leistungsfähige Wohnnutzung dar. Auch hier ermöglicht der Zugang über den Wohnungsflur eine Trennung der beiden gleich großen Individualräume sowie der zwei Sanitärbereiche vom kommunikativen Wohn-, Koch- und Essbereich in einem Maße, der den ungestörten Rückzug eines Bewohners möglich macht. Das Gäste-WC ist dabei dem Eingang und den kommunikativen Bereichen der Wohnung zugeordnet.

Bewohneranzahl

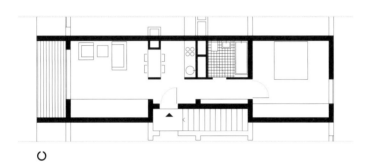

[019]

Egon Eiermann
Bartningallee
Berlin (DE)

Wohnfläche
49,3 m²

Außenraum
6,4 m²

Individualräume
1

Orientierung
II

Grundriss

[020]

Kuhn Fischer Partner
Architekten
Widenstraße
Oberwil-Zug (CH)

Wohnfläche
76,0 m²

Außenraum
7,1 m²

Individualräume
2

Orientierung
II

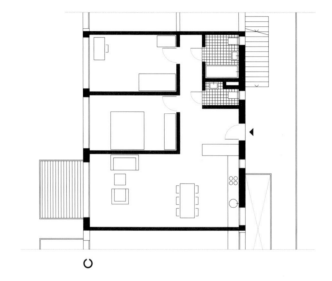

Drei und mehr Bewohner

Die Zahl der Drei- und Mehrpersonenhaushalte ging in den letzten zehn Jahren stetig zurück. Dies hat, wie schon angedeutet, mit unterschiedlichen Faktoren zu tun: eine alternde Gesellschaft sowie individuelle Wohnvorstellungen unterschiedlicher Generationen finden im seltensten Fall noch im Modell von Mehrgenerationenhaushalten ihre Wohnwünsche repräsentiert. Das Wissen um einen effizienteren Umgang mit Energie, Ressourcen und zuletzt auch Fläche in Mehrpersonenhaushalten sollte allerdings angemessen in der eigenen Entwurfsarbeit Berücksichtigung finden. Die durchschnittliche Wohnfläche von Haushalten ab drei Personen liegt heute bei 28,5 m² je Person. Ab drei Nutzern reduziert damit eine gemeinsame Nutzung des Koch-, Ess-, Wohn- und Sanitärbereichs sowie der Erschließungs- und Lagerflächen den Flächenverbrauch je Person um durchschnittlich rund ein Drittel. Ab drei Individualräumen ist zudem eine Anzahl erreicht, die einen seriellen Umgang im Entwurf mit dem notwendigen Individualraumangebot erlaubt. Die folgende Auswahl beschränkt sich hier auf „gemäßigte" Referenzbeispiele, die auf einem stimmigen Verhältnis von kommunikativer zu individueller Fläche basieren.

Auf 87 m² schlagen Baumschlager Eberle in Dornbirn [021] eine effiziente und gut zonierte Grundrissstruktur vor, die von maximal vier Bewohnern genutzt werden kann. Den drei Individualräumen werden die Sanitärbereiche vis-à-vis über den Flur zugeordnet. Der kompakte Flur erschließt neben den Individualräumen den Wohn- und Essraum mit angeschlossenem Kochbereich.

Brendeland & Kristoffersen gliedern in Trondheim [022] die 116 m² große Wohnung in zwei Zonen: An einer kommunikativen Spur mit zwei Sanitärräumen reihen sich fünf Individualzimmer. Die Sanitärräume zonieren den langen Kommunikationsbereich zusätzlich und bieten darüber verschiedenen Nutzungen Raum. Die interne Erschließung der Geschosswohnung erfolgt über den kommunikativen Bereich, was neben den flächenoptimierten Individualräumen, mit im Durchschnitt 8,5 m² Wohnfläche, zu dem geringen Flächenverbrauch von 25 m² je Person führt.

Im Studentenwohnheim Casa dell`Accademia in Mendrisio [023] teilen sich vier Bewohner einen rund 40 m² großen Bereich zum gemeinsamen Kochen, Essen und Entspannen. Über diesen gemeinsamen Raum wird die Wohngemeinschaft gleichzeitig zentral erschlossen. Die zwei Sanitärbereiche, jeweils zwischen Gemeinschaftsfläche und Individualräumen angeordnet, werden von je zwei Studierenden aus ihren Individualräumen heraus genutzt. Die Individualräume sind flächenoptimiert geplant und möbliert und entsprechen mit rund 11 m² Wohnfläche der temporären Nutzungsdauer.

Grundriss

[021]

Baumschlager Eberle
Mozartstraße
Dornbirn (AT)

Wohnfläche
87,0 m²

Außenraum
0,0 m²

Individualräume
3

Orientierung
III

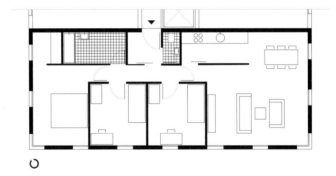

[022]

Brendeland &
Kristoffersen
Strandveien
Trondheim (NO)

Wohnfläche
115,8 m²

Außenraum
0,0 m²

Individualräume
6

Orientierung
III

Grundriss

[023]

Könz Molo und Barchi
Architekten
Via Agostino Maspoli
Mendrisio (CH)

Wohnfläche
94,8 m²

Außenraum
27,9 m²

Individualräume
4

Orientierung
II

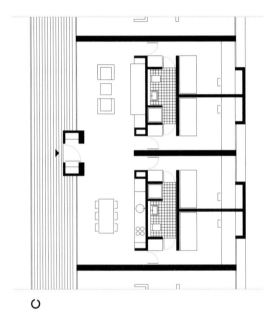

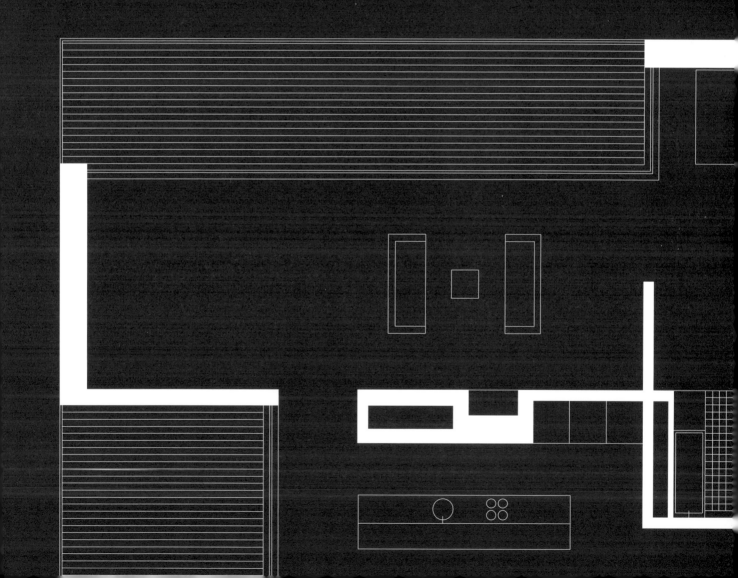

Einleitung

Nicht nur im repräsentativen Sinne, sondern auch unter immobilienwirtschaftlichen Gesichtspunkten ist die Größe das zentrale Merkmal einer Wohnung. Durch die unmittelbare Verknüpfung der Verkaufs- und Mietpreise mit der Wohnfläche werden die Wohnfläche und der Wert gleichgesetzt. Damit wird die Wohnungsgröße meist als das entscheidende Qualitätskriterium wahrgenommen, obwohl dieser Zusammenhang alles andere als zwingend ist.

Verschiedene Ansätze der Definition der Wohnungsgröße bieten sich an. Allgemein üblich ist die Definition über die Wohnfläche, die nach der Wohnflächenverordnung (WoFlV) genau ermittelt werden kann. Eine weitere typische Definition der Wohnungsgröße findet über die Haushaltsgröße, das heißt die Anzahl der Bewohner statt. Diese Angabe ist jedoch relativ unpräzise, da die tatsächliche Bewohnerzahl von der geplanten häufig abweicht. Ähnliches gilt für die am Wohnungsmarkt typische Einordnung über die Anzahl der Räume oder Zimmer. Aussagen wie „2,5-Zimmer-Wohnung" verraten nur wenig über die tatsächliche Wohnungsgröße oder deren Funktionalität. In der Summe entwickeln diese Informationen jedoch eine erste Vorstellung von der Wohnung.

Die Thematik der Wohnungsgröße und des Wohnungsbauentwurfs steht in engem Zusammenhang mit seiner historischen Entwicklung. Während des Wiederaufbaus nach dem Zweiten Weltkrieg stand zunächst die Erfüllung des minimalen Wohnbedarfs im Vordergrund. Entsprechend waren die Wohnbauförderprogramme und -standards ausgelegt. Die daraus resultierenden Kenngrößen haben teilweise bis heute in Form von noch gültigen Richtlinien und Vorschriften Einfluss auf den Wohnungsbau. Das Wohnen hat sich jedoch von einer existentiellen Notwendigkeit zu einem zentralen Konsumprodukt weiterentwickelt. Etwa 30 % des Nettohaushaltseinkommens werden in dieses Produkt investiert. Dem gegenüber stehen, wie schon erwähnt, zum Beispiel Nahrungsmittel oder der PKW, die nur jeweils circa die Hälfte von diesem Betrag beanspruchen.

Der durchschnittliche Flächenanspruch pro Kopf in Deutschland betrug im Jahr 2007 rund 43 m² mit einem anzunehmenden Wachstum von circa 0,5 m² pro Jahr. Die durchschnittliche Wohnungsgröße wird derzeit mit circa 87 m² angegeben.

In den Beispielen soll das Spektrum von der Kleinstwohnung über die gemäßigten Standardwohnungsgrößen bis hin zum Luxuswohnen dargestellt werden. Interessant zu beobachten ist dabei, worin genau der Mehrwert bei zunehmender Größe besteht, wenn man die unterschiedlichen Ausbauqualitäten zunächst einmal ausblendet.

Kleinst-Wohnungen | XS

Ein besonderes, gerade im akademischen Kontext sehr beliebtes Feld der Auseinandersetzung im Wohnungsbau ist die Kleinstwohnung. Spätestens seit dem CIAM-Kongress von 1930, der sich mit der Frage nach der „Wohnung für das Existenzminimum" auseinandersetzte, gehört die auf das Wesentlichste reduzierte Wohnform zu einem wichtigen Aufgabenfeld der Architekten. Der heutige Bedarf an dieser Wohnform besteht entweder aus einem experimentellen Interesse oder der Einsatzmöglichkeit für verschiedene Krisengebiete. Durch die Notwendigkeit der Verdichtung der einzelnen Wohnfunktionen auf minimalem Raum ist die entwerferische Auseinandersetzung immer auch stark von konstruktiven Aspekten geprägt. Die Mehrfachnutzung der Räume beziehungsweise des einzigen Raums für die unterschiedlichen Wohnfunktionen wie zum Beispiel Schlafen, Kochen oder Arbeiten wird meist über multifunktionale Einbauten erreicht. Das Spektrum der Ansätze reicht von einfachsten Bauten aus Papierwerkstoffen bis hin zu hochintegrierten technischen Lösungen. Bei der Entwicklung dieser Wohnungstypen sind neben der reinen Konstruktion die Themen der Vorfertigung, Logistik und Mobilität von zentraler Bedeutung.

Eines der jüngsten Projekte in diesem Themenfeld sind die O_2-Studentenwohnhäuser [024] in München. In einem Würfel mit 2,65 m Kantenlänge werden durch die multifunktionale Einrichtung verschiedenste Nutzungskonstellationen inklusive dem Aufenthalt von mehreren Gästen möglich. Die einzelnen Würfel können zu verschiedenen städtebaulichen Konstellationen angeordnet und gestapelt werden.

Das Projekt von Johannes Kaufmann [025] setzt sich mit der Frage von Mobilität und Größe auseinander, indem es eine Minimalwohneinheit konzipiert, die im Transportzustand kompakt ist und im Wohnzustand durch das streichholzschachtelartige Herausziehen eines Raumteils auf die doppelte Größe erweitert werden kann.

[024]

Haack + Höpfner Archi-
tekten und Horden Cherry
Lee Architects
Grasmeierstraße
München (DE)

Wohnfläche
5,7 m²

Außenraum
0,0 m²

Individualräume
1

Orientierung
IV

Grundriss

[025]

Johannes Kaufmann
mobiler Standort

Wohnfläche
17,0 m²

Außenraum
0,0 m²

Individualräume
1

Orientierung
III

Standard-Wohnungen | S, M, L

Das statistische Bundesamt ermittelt in regelmäßigen Abständen die Wohnsituation in Deutschland. Die Gruppe der Einpersonenhaushalte ist mittlerweile mit 39 % am stärksten ausgeprägt. Mit circa 68,5 m² Flächenverbrauch liegt diese Haushaltsgröße um mehr als 50% über dem durchschnittlichen Wohnflächenverbrauch, der bei rund 43 m² liegt. Die Zweipersonenhaushalte haben einen Anteil von derzeit 34 % am Wohnungsmarkt und beanspruchen eine durchschnittliche Wohnfläche von circa 94 m². Die Haushalte mit drei und mehr Personen haben einen Anteil von 27 % bei einer durchschnittlichen Größe von circa 107 m² (3 Personen). Verschiedene Faktoren erklären den relativ hohen Flächenverbrauch der Einzelhaushalte. In den seltensten Fällen wird der Wohnflächenbedarf bei einer Verringerung der Haushaltsgröße angepasst. Die Single-Haushalte sind relativ finanzkräftig und leisten sich bewusst die größere Wohnfläche. Der Wohnungsmarkt bietet zudem nicht ausreichend kleine und gleichzeitig hochwertige Wohnungen. Ein weiteres Argument ist ein Mindestflächenbedarf, der vor allen Dingen über die dienenden Funktionen generiert wird. Als Beispiel dienen drei Projekte, bei denen der bewusste Umgang mit dem Flächenverbrauch innerhalb der Dimensionen von Standardwohnungen gut nachvollziehbar ist.

Entgegen der erwähnten Durchschnittsgröße für Einpersonenhaushalte ist die Wohnung im Projekt von Beyer + Dier Architekten [026] um 15 m² kleiner und organisiert dennoch sämtliche Wohnfunktionen zu einer großzügigen und klar gegliederten Wohnung.

Die Wohnung [027] im Projekt von Fink + Jocher in Hannover zeichnet sich ebenfalls durch eine kompakte Organisation der Wohnfunktionen für einen Zwei- bis Dreipersonenhaushalt aus. Die Wohnung liegt mit 75 m² knapp 20 m² unter dem statistischen Durchschnitt in dieser Kategorie.

Die Wohnung im Schwarzpark-Projekt [028] von Miller & Maranta in Basel ist mit 125 m² ein typischer Vertreter für eine große Standard-Wohnung. Der Grundriss ist um eine zentrale Diele mit eingestellter Sanitär- und Abstelleinheit organisiert. Drei vollwertige Individualräume bieten Rückzugsmöglichkeiten für die Bewohner. Der gemeinschaftliche Bereich ist ebenfalls großzügig bemessen und klar gegliedert, so dass auch in diesem individuelle Beschäftigung möglich wird.

Grundriss

[026]

Beyer + Dier Architekten
Kronprinz-Rupprecht-
Straße
Ingolstadt (DE)

Wohnfläche
52,5 m²

Außenraum
8,3 m²

Individualräume
1

Orientierung
II

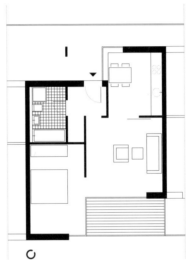

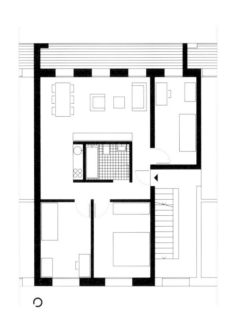

[027]

Fink + Jocher
Oheriedentrift/Feldbusch-
wende
Hannover (DE)

Wohnfläche
70,0 m²

Außenraum
10,0 m²

Individualräume
3

Orientierung
II

Grundriss

[028]

Miller & Maranta
Gellertstraße
Basel (CH)

Wohnfläche
125,0 m²

Außenraum
17,0 m²

Individualräume
4

Orientierung
III

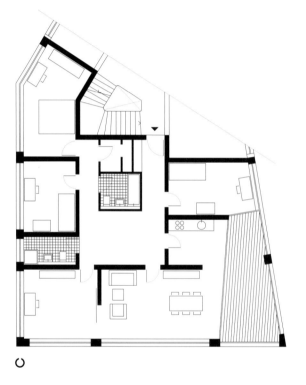

Luxus-Wohnungen | XL

Wie eingangs beschrieben, hat sich das Wohnen von einer zwingenden Notwendigkeit zu einem Konsumprodukt gewandelt. Der Typ des Einfamilienhauses repräsentiert dies in besonderer Weise. Dabei ist es jedoch erstaunlich, dass im bundesweiten Durchschnitt die Wohnfläche der Einfamilienhäuser lediglich bei 135 m² liegt und dies etwa einer typischen Vierpersonenwohnung entspricht und noch nicht als Luxuswohnen bezeichnet werden kann. Luxuswohnen beginnt erst oberhalb der Grenzen, die über die Multiplikation des Flächenanspruchs mit der Nutzeranzahl entstehen. Dieses Segment wird jedoch nicht nur im Typus der freistehenden Villa angeboten, sondern gerade in den großen Ballungsräumen ist ein enormer Bedarf an überdurchschnittlich großen, innerstädtischen Wohnungen zu verzeichnen. Wohnungsgröße wird hier als direktes Qualitätsmerkmal zu Repräsentationszwecken vermarktet. Wesentliche Eigenschaft der Wohnungen ist dabei nicht die Erhöhung der Anzahl der Individualräume, sondern die großzüge Ausweitung der kommunikativen Flächen.

Bei der Attikawohnung am Zürichsee [029] der Architekten burkhalter sumi wird das offene und allseitige Wohnen geradezu inszeniert. Die großzügigen Individualräume sind lediglich über Schiebewände abgetrennt, der Sanitärbereich ist offen integriert. Vier großzügige Terrassen in allen Himmelsrichtungen stellen jedoch das eigentliche Luxusmerkmal dar.

Das Projekt der Architekten Allmann Sattler Wappner aus München [030] wurde als „Haus der Zukunft" konzipiert. Die Idee besteht in der konsequenten Berücksichtigung des zunehmenden Anspruchs nach Individualität. Jedem Bewohner wird im Erdgeschoss ein vollständiges Kleinappartement als Individualraum angeboten. Die großzügigen Gemeinschaftsräume befinden sich im darüberliegenden Geschoss und werden zusätzlich über die Terrassen erweitert.

Bei dem städtischen Reihenhaus von Beyer-Schubert Architekten [031] in Berlin erstreckt sich die Wohnung über vier Geschosse und eine großzügige Dachterrasse. Der Luxusaspekt wird durch den offenen Grundriss und die Ateliernutzung deutlich. Obwohl eine Wohnfläche von 230 m² zur Verfügung steht, ist nur eine geringe Bewohneranzahl vorgesehen.

Grundriss

[029]

burkhalter sumi
architekten
Wehrenbachhalde
Zürich (CH)

Wohnfläche
221,4 m²

Außenraum
134,5 m²

Individualräume
2

Orientierung
IV

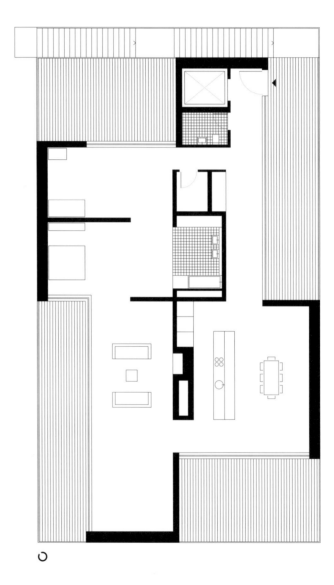

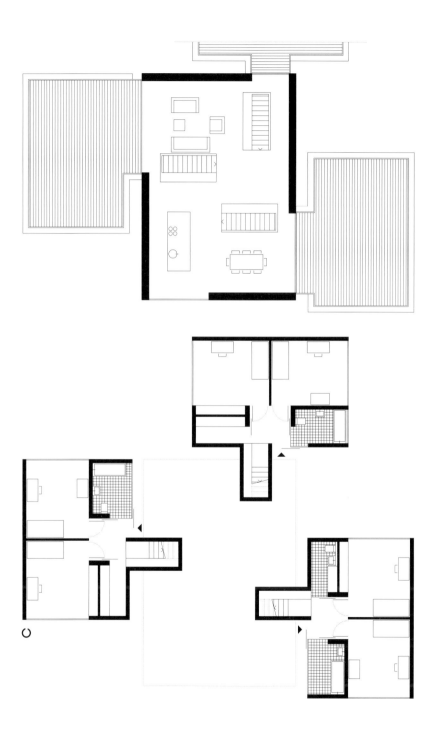

[030]

Allmann Sattler Wappner
Architekten
Georg-Kerschensteiner-
Straße
München (DE)

Wohnfläche
219,3 m²

Außenraum
130,1 m²

Individualräume
6

Orientierung
IV

Grundriss

[031]

Beyer-Schubert Architekten
Alice-und-Hella-Hirsch Ring
Berlin (DE)

Wohnfläche
221,0 m²

Außenraum
47,8 m²

Individualräume
3

Orientierung
II

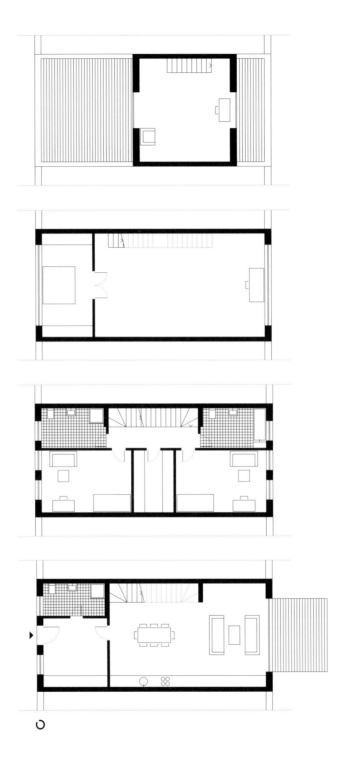

86

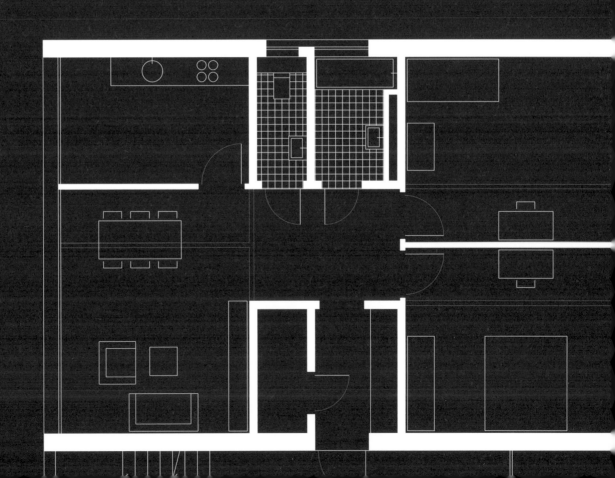

Einleitung

Der Entwurf von nachhaltig nutzbaren Wohngrundrissen ist eine besondere Herausforderung für den Entwerfer. Dabei geht es nicht nur um das Erfüllen der Wohnbedürfnisse eines Nutzers über einen längeren Zeitraum – immerhin wird in einer Mietwohnung in Deutschland durchschnittlich zwölf Jahre lang gewohnt –, sondern auch um eine stabile, langfristige Vermarktbarkeit des Wohnraums selbst. Die Auseinandersetzung mit dem Zweitnutzer ist also ebenso relevant wie das Wissen um die sich ändernden Ansprüche durch ein und denselben Bewohner. Ein nachhaltiger Entwurfsansatz ist dabei ebenso entscheidend für den individuellen Eigentumserwerb wie für die Schaffung von Wohnraum durch private und öffentliche Wohnversorger. In beiden Fällen mindert das Nachdenken über die Veränderbarkeit des Grundrisses und eine mögliche Nachnutzung das Investitionsrisiko.

Dieses Risiko ist im Laufe der letzten Jahrzehnte im Zuge der gesellschaftlichen Individualisierung gewachsen. Dem Modell „Familie mit leiblichen Kindern" steht heute eine große Zahl anderer Lebensmodelle gegenüber. Die daraus resultierende pluralisierte Wohnraumnachfrage entsteht jedoch nicht nur durch unterschiedliche Lebensformen, sondern wird von einer zusätzlichen Vielfalt an nutzerspezifischen Faktoren verursacht, die zu einer unpräzisen und vor allem nicht vergleichbaren Kategorisierung führen.

Die Auseinandersetzung mit dem Thema Veränderbarkeit meint nun allerdings nicht, dass jede Wohnung ein „Alleskönner" sein muss, der nach dem Single-Dasein Platz für heranwachsende Kinder bietet und im Anschluss die Abtrennung eines separaten Appartements für Service und Pflege gestattet. Anpassungsfähigkeit kann hier nur auf der Basis von festgelegten Rahmenbedingungen, zum Beispiel gleichbleibender Wohnungsgröße, geplant werden. Ein differenziertes Angebot am Wohnungs- und Immobilienmarkt bedient darüber hinaus umfangreich sich ändernde Rahmenbedingungen.

Nachhaltig nutzbare Grundrisse, die nicht nur den aktuellen Bedürfnissen ihrer Bewohner entsprechen, sondern gleichzeitig langfristig nachgefragt werden, können auf drei unterschiedlichen Entwurfsansätzen basieren. Zum einen kann eine nutzungsneutrale Grundrisskonzeption unterschiedlichen Nutzungsszenarien gerecht werden, zum anderen ermöglicht eine geplante baulich-räumliche Variabilität eine Veränderung der Raumstruktur selbst. Ein dritter Ansatz bezieht sich auf die äußere Flexibilität von Wohneinheiten; im Sinne von wachsenden und schrumpfenden Wohnungen wird dabei die eigene Wohnfläche effektiv verändert. Alle drei Entwurfsvarianten basieren auf einer Grundstruktur, deren Veränderbarkeit geplant wird und die durch den Nutzer und dessen Wohnverständnis individuell interpretiert werden kann.

Grundriss

Nutzungsneutralität

Mit nutzungsneutralen Grundrissen wird nicht nur auf pluralistische Nachfragen am Wohnungsmarkt reagiert, sondern ein zweiter wesentlicher Aspekt entscheidend berücksichtigt: Wohnen ist keine Momentaufnahme und eine Wohnung keine gebaute Bestandsaufnahme einer Lebensphase. Im Lebenszyklus einer Wohnung ändern sich zum Teil mehrfach die Bedürfnisse ihrer Bewohner. Eine zusätzliche Herausforderung stellt die Nachnutzung beziehungsweise Zweitnutzung dar. Das Angebot folgt dabei der Auffassung, dass in ihrer Größe neutrale Raumangebote unterschiedliche Nutzungsszenarien eher bedienen als in Größe und Funktionsanordnung spezifische und hierarchisierte Raumkonzepte. Das Spektrum von nutzungsneutralen Grundrissen reicht von gleichwertigen Individualräumen, die eine Mindestmöblierbarkeit für verschiedene Nutzungen zulassen, über eine gleichwertige Raumstruktur aller Wohnfunktionen bis zum Ein-Raum-Grundriss, der durch eine variabel nutzbare Möblierung alle Wohnfunktionen parallel oder nacheinander im selben Raum aufnimmt.

Unterschiedlichen Wohnbedürfnissen soll durch gleichwertige, eventuell mehrfach zugängliche Räume entsprochen werden. So ist zum Beispiel bei drei gleich großen Individualräumen und entsprechender Zonierung des Gesamtgrundrisses eine Nutzung durch eine Familie mit zwei Kindern, durch eine Wohngemeinschaft von drei Personen oder durch zwei Bewohner mit

Bedarf für zusätzliche Arbeits-, Gäste- oder Hobbyfläche vorstellbar. Das Projekt [032] in Nüziders von Baumschlager Eberle basiert auf dieser Grundüberlegung. Die Individualräume sind zusätzlich zum individuellen Zugang vom Flur durch eine innere, an der Fassade angeordnete Erschließungsspur mit Schiebetüren verbunden, die ein stufenweises Zuschalten der Räume zum kommunikativen Bereich der Wohnung ermöglichen.

Jeweils zwei gleichwertige Individualräume umschließen den kommunikativen Bereich der Geschosswohnungen am Steinacker in Zürich [033] von Hasler Schlatter Partner. Beide Raumpaare werden über einen Flur erschlossen, an dem jeweils auch ein Sanitärbereich angeordnet ist. Zusätzlich zum großzügigen Außenraum am Wohn- und Essbereich wird den vier Individualräumen jeweils ein schmaler Austritt zugeordnet. Die Grundrissanordnung ermöglicht zum Beispiel eine Nutzung der Räume im Südosten als Arbeitsbereich, der auch den Empfang von Kunden gestattet.

Die Geschosswohnungen in der Grieshofgasse in Wien [034] von Helmut Wimmer bestehen aus vier gleichwertigen Räumen, die durch Schiebewände voneinander getrennt werden können. Ein zentraler Zugang sowie die mittig angeordnete Erschließungszone gestatten, bis auf die fixierte Badzelle, jeweils eine freie Anordnung der Wohnfunktion durch den Nutzer.

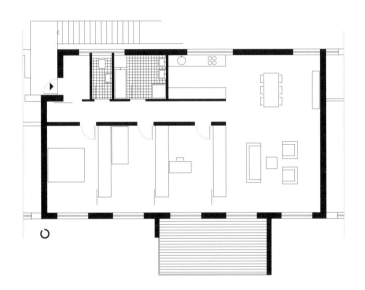

[032]

Baumschlager Eberle
Waldburgstraße
Nüziders (AT)

Wohnfläche
120,1 m²

Außenraum
17,5 m²

Individualräume
3

Orientierung
II

Grundriss

[033]

Hasler Schlatter Partner
Trichtenhausenstraße
Zürich (CH)

Wohnfläche
133,2 m²

Außenraum
24,6 m²

Individualräume
4

Orientierung
II

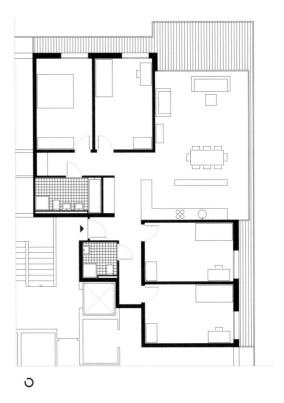

[034]

Helmut Wimmer
Grieshofgasse
Wien (AT)

Wohnfläche
90,2 m²

Außenraum
0,0 m²

Individualräume
1 - 3

Orientierung
II

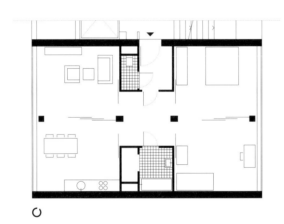

Grundriss

Grundrissvariabilität

Variabilität des Grundrisses meint die Anpassung einer Raumstruktur an geänderte Nutzerbedürfnisse durch das freie Verändern von Wandpositionen. Ausgangspunkt dieser Anpassungsfähigkeit ist die Trennung von Tragwerk und Ausbaustruktur des Projekts. Die Entwicklung von Flachdecken aus Stahlbeton, die durch regelmäßig angeordnete Stützen und aussteifende Kerne eine freie und von der Statik unabhängige Raumkonfiguration ermöglichen, ist seit dem Beginn des 20. Jahrhunderts eine gängige Bauweise (plan libre). Neben dieser statischen Unabhängigkeit bedarf es eines sinnvollen Erschließungssystems, damit alle Wohnfunktionen in sämtlichen Grundrisskonstellationen zugänglich sind. Die zum Teil umfangreichen baulichen Eingriffe führen häufig dazu, dass Grundrissvariabilität zum reinen Verkaufsargument verkommt, das dem Erstnutzer eine flexible, langfristig sichere Investition vorhält. Der Umbau der Struktur findet, wenn überhaupt, in der Praxis häufig lediglich einmal statt und zwar zu Beginn der Nutzung.

Ausgangspunkt des Entwurfs von Michael Alder [035], der als experimenteller Wohnungsbau im Zuge der IGA '93 in Stuttgart entstand, war das Trennen beziehungsweise Zusammenlegen von Räumen. Die zwei angebotenen Räume können dabei aufgrund ihrer jeweils zwei Zugänge in bis zu vier Räume unterteilt werden. Die an beiden Belichtungsseiten vorgelagerten Loggien garantieren jedem der vier Räume einen individuellen Außenbereich. Das Projekt zeichnet sich durch einen hohen Grad an Grundrissvariabilität aus, der verschiedensten Wohnformen entsprechen kann.

Lediglich der mittige Kern mit Sanitär- und Abstellfunktion sowie der Küchenanschluss wurden in den Geschosswohnungen in Leipzig von HPP Hentrich-Petschnigg & Partner [036] fest eingebaut. Sämtliche Innenwände können ansonsten durch den Nutzer frei positioniert werden, wodurch sowohl ein offener Allraum als auch bis zu sechs kleine Zimmer in der 98 m² großen Wohnung möglich werden. Mögliche Wandachsen sind über drei Anschlussmöglichkeiten von Trennwänden entlang der Fensterfronten vordefiniert.

Auch in den Wohnungen der Siedlung Lessingstraße in Weimar [037] können zwischen fixen Betonschotten Trennwände variabel, je nach Nutzerbedarf, gesetzt werden. Mit einer minimalen Raumaufteilung von drei beziehungsweise einer maximalen Unterteilung von neun Räumen weist die 120 m² große Wohnung eine hohe Leistungsfähigkeit auf. Die Lage der Treppe sowie ein obligatorischer zweiter Zugang bei jeder Wohneinheit ermöglichen zudem eine spätere Trennung von Erdgeschoss und Obergeschoss in zwei separate Wohneinheiten.

[035]

Michael Alder
Störzbachstraße
Stuttgart (DE)

Wohnfläche
79,6 m²

Außenraum
25,2 m²

Individualräume
1 - 2

Orientierung
II

Grundriss

[036]

HPP Hentrich-Petschnigg
& Partner
Pfeffingerstraße
Leipzig (DE)

Wohnfläche
97,8 m²

Außenraum
0,0 m²

Individualräume
1-3

Orientierung
III

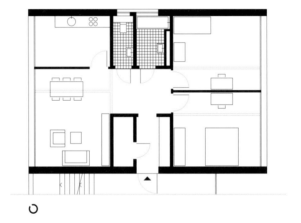

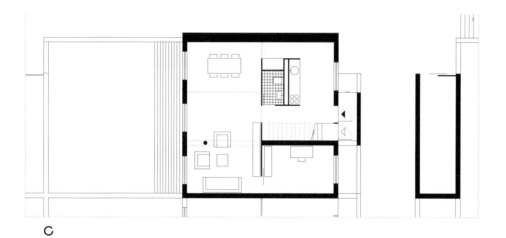

[037]

Walter Stamm-Teske,
Schettler & Wittenberg
Lessingstraße
Weimar (DE)

Wohnfläche
119,6 m²

Außenraum
12,0 m²

Individualräume
3-6

Orientierung
II

Grundriss

Grundrissflexibilität

Grundrissflexibilität meint die Erweiterung oder Verringerung der Wohnfläche durch Zusammenlegung, Zuschalten, Anbauen oder Abtrennen von Räumen oder Gebäudeteilen. Die Grundrisse beziehen ihre Anpassbarkeit also aus dem effektiven Zuschalten beziehungsweise Verzicht von Raum und Fläche. Zumindest im verdichteten Wohnungsbau fordert diese Veränderung immer Interaktion. Auf Kosten der einen kann eine andere Wohneinheit vergrößert oder verkleinert werden. Dabei reichen nicht nur eingeplante bauliche Sollbruchstellen in der Gebäudestruktur, sondern es bedarf einer kontinuierlichen Nutzerkoordination. Grundrissflexibilität zeichnet sich im Unterschied zur Grundrissvariabilität, das heißt dem Versetzen von Trennwänden oder dem Öffnen beziehungsweise Schließen verschiebbarer Elemente, durch langfristige Veränderungsintervalle aus.

Unter einer aktiven Einbeziehung der Bewohner in die Projektplanung realisierten ADP Architekten in Zürich [038] das Projekt Hellmutstraße. Die Wohnungen basieren auf einer klaren Schichtung von Außenraum, Zimmerschicht mit zwei Erschließungsspuren, dienender Schicht, Erschließungs- und Kochschicht sowie einer weiteren Zimmerschicht mit separatem Zugang. Diese Gliederung ermöglicht durch Öffnen oder Trennen der Individualraumfolge ein variables System aus unterschiedlichen Wohnungsgrößen.

Bei der dreigeschossigen Wohneinheit in der Siedlung Vogelbach [039] entsteht Grundrissflexibilität durch einen zweiten Zugang zur Wohneinheit im 2. Obergeschoss. Dadurch können die Räume dieses Geschosses abgetrennt und separat genutzt werden. Der Eingriff bedeutet bei vollständiger Trennung der beiden unteren Geschosse vom obersten Geschoss allerdings den Rückbau der Treppe sowie den nachträglichen Verschluss der Deckenebene. Auch ohne diese Maßnahme bietet der Grundriss durch gleichwertige, nutzungsneutrale Räume sowie den zweiten möglichen Zugang ein hohes Maß an Nutzungsflexibilität.

[038]

ADP Architekten
Hellmutstraße
Zürich (CH)

Wohnfläche
44,9-225,7 m²

Außenraum
4,7 m²-45,0 m²

Individualräume
1-4

Orientierung
II

Grundriss

[039]

Michael Alder
Friedhofweg
Riehen (CH)

Wohnfläche
39,6 - 119,2 m²

Außenraum
0,0 m²

Individualräume
2 - 4

Orientierung
II

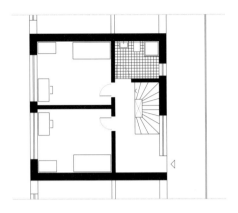

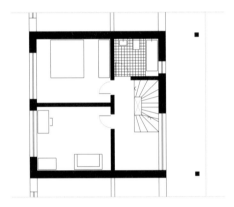

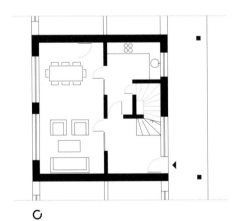

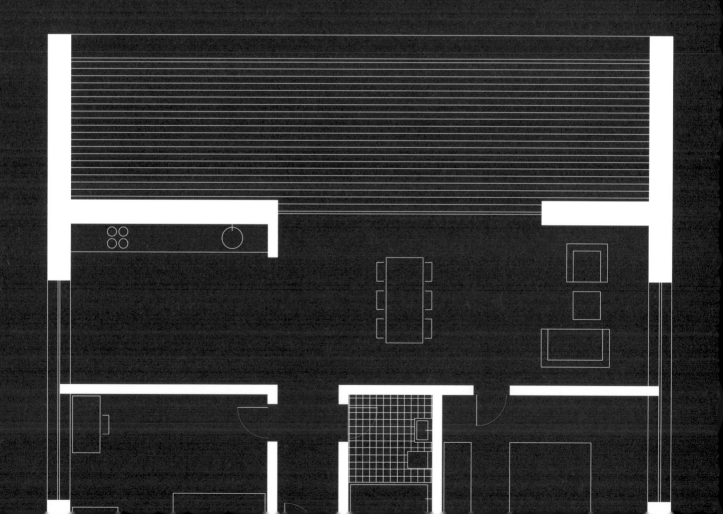

Einleitung

Die Wohnungsorientierung wird häufig im Zuge der städtebaulichen Konzeption eines Projekts festgelegt. In deren Ergebnis stehen sowohl die Gebäudestruktur als auch die Gebäudeausrichtung fest. Das Wissen um die direkte Abhängigkeit der Orientierung und Gebäude- beziehungsweise Wohnungstiefe und damit auf einzelne Grundrissentscheidungen hat also bereits einen nicht zu vernachlässigenden Anteil im städtebaulichen Entwurfsprozess. Mit dem Grundrissaspekt Orientierung ist jedoch nicht nur eine ausreichende Versorgung aller Wohnräume mit Tageslicht, sondern auch der sorgfältig geplante Bezug zum Außenraum, im Sinne des Ausblicks und des Einblicks, gemeint. Mit der Fassadenplanung findet also die Auseinandersetzung des Entwurfs mit dem Übergang zwischen Privatheit der Wohnung zur Öffentlichkeit davor und umgekehrt statt. Die Anzahl, Größe und Lage der Öffnungen hat damit nicht nur den Zweck der ausreichenden Belichtung, sondern beeinflusst die Art des Wohnens zu einem wesentlichen Teil. Auch eine Inszenierung des Lichteinfalls und daraus resultierenden Schattenspiels kann zum Entwurfsgegenstand werden. Gleichzeitig spielen die Themenfelder der Lüftung, des Schallschutzes sowie des Sonnen- und Wärmeschutzes eine Rolle in der Auseinandersetzung mit dem Themenfeld Orientierung. Gerade Ressourcen sparende Energiestandards für Gebäude beruhen immer auch auf einer entsprechenden Ausrichtung der Gebäude selbst. Gleichzeitig kann im seltensten Fall im städtischen Kontext von einer idealen Orientierung der zu planenden Wohngebäude ausgegangen werden.

Sowohl die Gebäude- beziehungsweise Wohnungstiefe als auch die grundlegende Disposition der Wohnfunktionen im Grundriss basieren zu einem entscheidenden Teil auf dem Orientierungsaspekt und der Anzahl der Belichtungsseiten. In der Moderne, die die Standards des Massenwohnungsbaus mit ausreichend Licht, Luft und Sonne definierte, wurde das Raumprogramm eindeutig Himmelsrichtungen zugeordnet. Tag- und Nachtbereich und damit monofunktionale Räume zum Wohnen und Schlafen wurden definiert. Heute ist die Nutzung der Räume multifunktionaler, nach wie vor müssen sie aber überlegt angeordnet werden. So ist es zum Beispiel angebracht, kommunikative Bereiche aufgrund ihrer intensiveren Tages- und Abendnutzung wenn möglich nach Südwesten zu orientieren.

Das Kapitel gliedert sich in fünf mögliche Orientierungsvarianten: Begonnen bei der vierseitigen Orientierung werden bis zur einseitig orientierten Wohnung die unterschiedliche Anzahl der Belichtungsseiten und die daraus resultierenden Grundrissabhängigkeiten dargestellt. Ein weiteres Kapitel betrachtet neben der Orientierung von Wohnraum nach „außen" verschiedene Sonderbelichtungsformen nach „innen".

Grundriss

Vierseitige Orientierung

Die optimale Belichtung über vier Seiten garantiert eine freie Grundrissgestaltung, ohne dass eine bestimmte, zwingende Funktionsanordnung im Grundriss entsteht. Allseitig orientierte Grundrisse werden häufig in freistehenden Gebäuden, das heißt Einfamilienhäusern, oder im verdichteten Wohnungsbau als Penthouse beziehungsweise als gestapelte Wohneinheiten geplant. Dabei bietet die allseitige Orientierung die Chance, alle Bereiche natürlich zu belichten, auch die häufig im Kern angeordneten dienenden Sanitärfunktionen können hier an die Fassade rücken. Der Erschließungsaufwand im verdichteten Wohnungsbau mit einer Wohnung je Geschoss ist dabei allerdings extrem hoch. Daher werden Wohnungen mit allseitiger Orientierung vorwiegend im Luxussegment umgesetzt und angeboten. Mit einem häufig hohen Öffnungsanteil und weniger massiven Außenwandflächen erfüllen diese Wohnungstypen das vermarktungsrelevante Qualitätskriterium nach lichtdurchfluteten Räumen. Gleichzeitig kann dieser Wohnungstyp nahezu Einfamilienhausqualitäten im barrierefreien Geschosswohnungsbau bieten und bedient damit individuelle Wohnwünsche bis ins hohe Alter.

Das flächenoptimierte, zweigeschossige Einfamilienhaus von Bauart [040] wird auf beiden Geschossen durch wenige, großzügige Öffnungen belichtet. Mit vier bewusst gesetzten Fenstern orientiert sich die Wohnung in alle vier Himmelsrichtungen.

Die Öffnung im Obergeschoss entlang der Treppe sorgt für einen zusätzlichen Lichteinfall im Erdgeschoss.

Die vier Gebäudemodule von Ryue Nishizawa in Tokyo [041], die als gestapelte Räume konzipiert wurden, reagieren mit großflächigen Öffnungen in jedem Geschoss unterschiedlich auf den städtischen Kontext. Lediglich die Treppe sowie im Erdgeschoss ein Sanitär- und Abstellbereich gliedern die ansonsten freien Geschossebenen, die jeweils eine Wohnfunktion aufnehmen.

Xaveer de Geyter organisiert die großzügige Geschosswohnung in Breda [042] um einen zentralen Erschließungskern aus Lift und Treppenraum. Die allseitig orientierte Wohnung mit einem hohen Öffnungsanteil ist in vier zimmertiefe Grundrissbereiche unterteilt. Aufgrund der zwei geplanten Eingangstüren kann die Wohnung auch als Zweispänner organisiert werden. Bei der Variante der Etagenwohnung wurden die einzelnen Wohnfunktionen rotierend um den Kern angeordnet. Lediglich im Bereich der Sanitärräume musste dabei ein zusätzlicher Erschließungsflur angeordnet werden.

Orientierung

[040]

Bauart Architekten
mobiler Standort

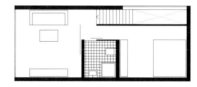

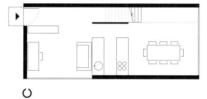

Wohnfläche
66,0 m²

Außenraum
0,0 m²

Individualräume
2

Orientierung
IV

Grundriss

[041]

Ryue Nishizawa
Ota Ku
Tokyo (JP)

Wohnfläche
77,5 m²

Außenraum
0,0 m²

Individualräume
3

Orientierung
IV

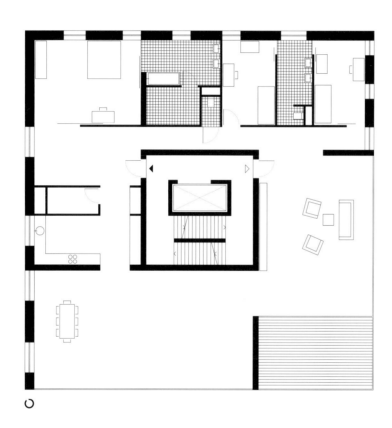

[042]

Xaveer de Geyter
Chassé Singel
Breda (NL)

Wohnfläche
298,8 m²

Außenraum
21,8 m²

Individualräume
3

Orientierung
IV

Grundriss

Dreiseitige Orientierung

Dreiseitig orientierte Wohngrundrisse sind häufig in Doppelhäusern oder als Kopfwohnungen von Wohnzeilen angewendete Wohnungstypen. Die Öffnungsmöglichkeit nach drei Seiten bietet dabei ähnliche Belichtungs- und Orientierungsqualitäten wie eine allseitig belichtete Wohnung. Wo im verdichteten Wohnungsbau der Wohnungseingang angeordnet ist, definieren Doppelhäuser ihre Brandwand und Abgrenzung zum Nachbarn. Die Positionierung der Wohnfunktionen im Grundriss mit drei möglichen Belichtungsseiten bietet eine Vielzahl von Lösungsmöglichkeiten, über klare Funktionsschichten bis zur Reihung der Wohnfunktionen entlang der Fassade, um jeden Bereich natürlich zu belichten. Gerade bei der Grundrissorganisation des Doppelhauses ist oft die Verwandtschaft zum Reihenhaus zu spüren, das um eine zusätzliche Fassadenseite ergänzt wurde. Die Öffnungen in der Längsseite der Gebäude lassen damit auch die natürliche Belichtung und Belüftung der Wohnfunktionen im Kern der Gebäude zu, wodurch im Unterschied zum Reihenhaus tiefere Grundrisse möglich werden.

Die Doppelhäuser von Daniele Marques in Luzern [043] folgen einer klaren Grundrissstruktur, die auf der Gliederung in zwei Längsschichten beruht. Die innere Schicht nimmt dabei die längs liegende Treppe, den Eingangsbereich und die Verkehrsflächen des Hauses auf. Im Souterrain und im 1. Obergeschoss wird diese Schicht bis an die Fassade geführt und natürlich belichtet. Die zweite Schicht wird über die Individualräume gebildet und öffnet sich von Osten nach Westen in drei Himmelsrichtungen. Sowohl die Souterrainräume als auch der Sanitärbereich im Erdgeschoss sowie die Kochecke können dadurch von Süden natürlich belichtet werden.

In der Geschosswohnung von pool Architekten [044] in Zürich wurden die Individualräume sowie der Sanitärbereich entlang der Wohnungstrennwand angeordnet. Über die Gebäudeseiten werden die Individualräume natürlich belichtet. Nach dem Betreten der Wohnung durch die beschriebene Raumschicht öffnet sich ein in drei Himmelsrichtungen orientierter kommunikativer Bereich. Großzügige Verglasungen versorgen den langgestreckten Raum mit Tageslicht. Der private Außenraum setzt anschließend konsequent den kommunikativen Bereich nach außen fort.

Auch im Lukasareal in Dresden von Thomas Müller und Ivan Reimann [045] wird die Geschosswohnung zentral erschlossen. Über die vorgeschaltete Diele gelangt man in alle Räume. Die Küche sowie der Wohn- und Essbereich orientieren sich zum privaten Außenraum in Richtung Westen. Die Individualräume sind nach Süden beziehungsweise nach Norden orientiert.

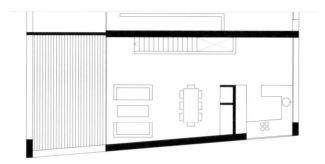

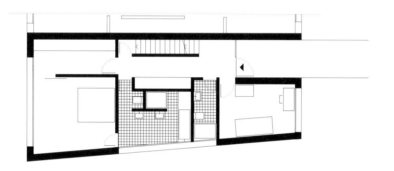

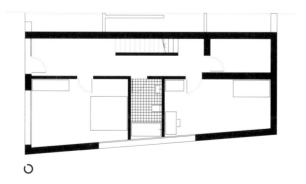

[043]

Daniele Marques
Dreilindenstraße
Luzern (CH)

Wohnfläche
183,5 m²

Außenraum
38,5 m²

Individualräume
4

Orientierung
III

Grundriss

[044]

pool Architekten
Leimbachstraße
Zürich (CH)

Wohnfläche
82,0 m²

Außenraum
34,0 m²

Individualräume
2

Orientierung
III

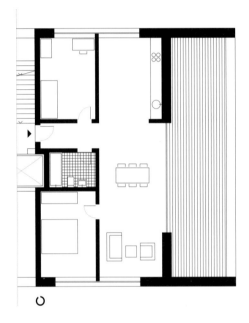

[045]

Thomas Müller Ivan
Reimann Architekten
Reichenbachstraße
Dresden (DE)

Wohnfläche
81,7 m²

Außenraum
19,8 m²

Individualräume
2

Orientierung
III

Grundriss

Zweiseitige Orientierung

Zweiseitig orientierte Wohnungen zählen im Neubau auch aufgrund einer in der Regel wirtschaftlichen Erschließung zu den am häufigsten geplanten Wohnungstypen. Neben der Erschließung aus einem externen Treppenhaus können sie auch am Laubengang angeordnet werden. Im Geschosswohnungsbau werden die beiden Öffnungsseiten von Wohnungen sowohl übereck als auch vis-à-vis angewendet. Stehen zwei Belichtungsseiten zur Verfügung, hat die jeweilige Orientierung wesentlichen Einfluss auf die Gebäudetiefe. Nord-süd-orientierte Wohnungen oder Gebäude haben aufgrund lediglich einer direkten Besonnungsseite meist eine geringere Gebäudetiefe (zwischen 7 m bis 10 m) als ost-west-orientierte. Hier können über zwei gleichwertige Besonnungsseiten die kommunikativen und individuellen Raumschichten zu beiden Seiten angeordnet werden. Die Tiefe von ost-west-orientierten Wohnungen liegt üblicherweise bei 10 m bis 14 m. Zweiseitig orientierte Wohnungen bieten die Möglichkeit, einen offenen kommunikativen Bereich über die gesamte Gebäudetiefe anzuordnen und diesen damit in zwei Himmelsrichtungen zu orientieren. Die Alternative, das heißt den individuellen Bereich und den kommunikativen Bereich jeweils an einer Belichtungsseite anzuordnen, bietet dagegen den Raumsituationen nur eine Blickrichtung und Besonnungssituation. Gerade für nord-süd-orientierte Wohnungen stellt dies allerdings eine geeignete Grundrissorganisation dar.

Das zweigeschossige, nord-süd-orientierte Reihenhaus in Herdecke von Post und Welters [046] wurde auf einer flächenoptimierten Grundfläche geplant und setzt sich aus zwei unterschiedlich tiefen Raumschichten zusammen. Der Wohn-/Essbereich, ein Individualraum sowie der Sanitärbereich orientieren sich nach Süden. Der Zugang und Erschließungsbereich, die Küche sowie ein weiterer Individualraum im Obergeschoss sind nach Norden orientiert.

Die ost-west-orientierte Wohnung von Delugan Meissl Associated Architects in Wien [047] wird durch eine mittig angeordnete Servicezone, die den Sanitär- und Küchenbereich aufnimmt, gegliedert. Die drei Individualräume sind nach Osten, der Wohn- und Essbereich nach Westen orientiert.

In Laufenburg entwickelten burkhalter sumi architekten [048] Geschosswohnungen, die über einen kommunikativen Bereich, der die gesamte Wohnungstiefe ausnutzt, erschlossen werden. Parallel dazu wurden zwei Individualräume mit zwischengeschaltetem Sanitärbereich angeordnet.

In den Kopfwohnungen der Wohnanlage in Weilheim von Fink + Jocher [049] wird die Übereck-Situation für eine zweiseitige Süd-Ost-Orientierung des kommunikativen Bereichs genutzt. Die Individualräume und der Kochbereich orientieren sich nach Osten, der Sanitärbereich ist im Kern angeordnet.

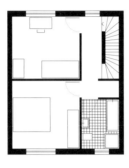

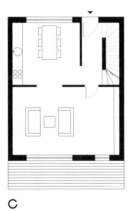

C

[046]

Norbert Post - Hartmut
Welters Architekten
Westender Weg
Herdecke (DE)

Wohnfläche
76,0 m²

Außenraum
9,6 m²

Individualräume
2

Orientierung
II

Grundriss

[047]

Delugan Meissl
Associated Architects
Wimbergergasse
Wien (AT)

Wohnfläche
93,0 m²

Außenraum
14,0 m²

Individualräume
3

Orientierung
II

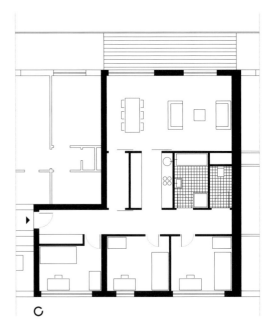

[048]

burkhalter sumi
architekten
Burgmattstraße
Laufenburg (CH)

Wohnfläche
59,0 m²

Außenraum
8,6 m²

Individualräume
2

Orientierung
II

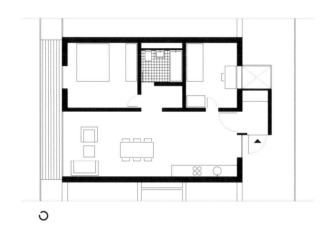

Grundriss

[049]

Fink + Jocher
Hans-Guggenmoser-Straße
Weilheim (DE)

Wohnfläche
90,8 m²

Außenraum
10,9 m²

Individualräume
2

Orientierung
II

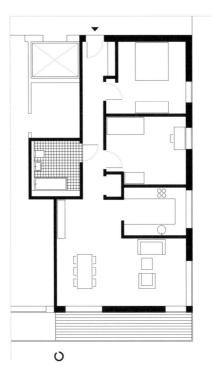

Einseitige Orientierung

Wohneinheiten an Brandwänden oder mit kleiner Wohnfläche werden unter ökonomischen Aspekten vorzugsweise als einseitig orientierte Wohnungen geplant. Der gerichtete, einseitige Ausblick kann aber auch für besonders prominente Lagen gewünscht sein und entsprechend inszeniert werden. Die Tiefe einseitig orientierter Wohnungen ist aufgrund der einen Öffnungsseite stark eingeschränkt. Zur natürlich belichteten Raumschicht kann maximal in der unbelichteten Zone eine Erschließungsbeziehungsweise eine Servicespur aus dienenden Funktionen addiert werden, die gegebenenfalls über Oberlichter natürlich belichtet wird. Einseitig orientierte Geschosswohnungen basieren daher in der Regel auf langgestreckten Grundrissen, bei denen sich die Wohnfunktionen an der Fassade aufreihen. Dem Problem der fehlenden Querlüftungsmöglichkeit von einseitig orientierten Wohnungen kann, wenn möglich, über Oberlichter begegnet werden.

Die rund 27 m² großen Zimmerboxen des Hotel Extension in Bezau von Johannes Kaufmann [050] werden über einen Laubengang erschlossen und orientieren sich ausschließlich nach Westen. Sie folgen dem klassischen Grundrisstyp des Hotelzimmers mit innenliegendem Sanitärbereich an der Zugangssituation und dem sich anschließend öffnenden Raum zum Schlafen und kurzfristigen Aufenthalt. Für temporäre Wohnformen, wie Hotels und Studenten-wohnheime, wird aus ökonomischen Gründen vorwiegend auf tiefe Wohnmodule zurückgegriffen, die über die kurze Seite belichtet sowie erschlossen werden.

In Paris konzipierte Francis Soler [051] zweigeschossige, nach Nordwesten orientierte Brandwandwohnungen. Die einläufige Treppe ist entlang der Brandwand angeordnet. An sie grenzt eine Serviceschicht, die den Koch- und Sanitärbereich mit der dafür notwendigen Installation aufnimmt und sich zur kommunikativen beziehungsweise Individualraumschicht öffnet.

Auch die einseitig belichteten Geschosswohnungen von Herzog & de Meuron in Basel [052] werden über einen an der Brandwand angeordneten Erschließungsflur organisiert. Alle Wohnfunktionen wurden daran aufgereiht und sind zusätzlich durch eine Außenraumspur über die gesamte Wohnungslänge an der Belichtungsseite der Räume erneut verbunden. Ein zweiter Zugang neben der Erschließung des Flurs aus dem Treppenraum führt am Ende des Erschließungsraums in den halböffentlichen Hofbereich der Wohnanlage.

Grundriss

[050]

Johannes Kaufmann
Brugg
Bezau (AT)

Wohnfläche
26,6 m²

Außenraum
7,2 m²

Individualräume
1

Orientierung
I

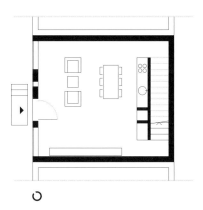

[051]

Francis Soler
Cité Saint Chaumont
Paris (FR)

Wohnfläche
77,7 m²

Außenraum
0,0 m²

Individualräume
2

Orientierung
I

Grundriss

[052]

Herzog & de Meuron
Hebelstraße
Basel (CH)

Wohnfläche
114,2 m²

Außenraum
12,5 m²

Individualräume
3

Orientierung
I

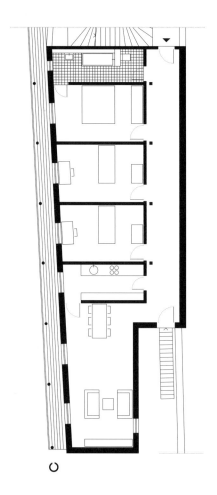

Sonderformen Orientierung

Gerade im innerstädtischen Wohnungsbau mit teilweise schwierigen Belichtungssituationen ermöglichen erst zusätzliche Belichtungsformen, wie zum Beispiel Patios oder Innenhöfe eine ausreichende Versorgung der Wohnungen mit Tageslicht. Tiefe Nord-Süd-Grundrisse können so durch eine zweite Südfassade, die ein Patio generiert, gut belichtet werden. Gleichzeitig entsteht ein introvertierter Außenraum, der gerade im verdichteten Wohnungsbau ein wertvoller Rückzugsraum abseits der pulsierenden Öffentlichkeit ist. Es gibt allerdings auch Situationen, in denen ausschließlich eine Belichtung über einen Innenhof möglich ist beziehungsweise der Nutzerwunsch nach einem introvertierten Wohnmodel existiert. Aus der frühen Geschichte sind Atrium- und Hofhäuser bekannte Wohntypologien, die den Innenhof als zentralen und wichtigsten Wohnbereich ausbilden. Die bewusste Abgrenzung der Öffentlichkeit und ausschließliche Ausrichtung nach innen sollte dabei vor allem die Privatsphäre der Bewohner schützen und reagierte auf die klimatischen Bedingungen, entstand jedoch seltener aus städtebaulichen Orientierungszwängen.

Herzog & de Meuron können die Geschosswohnungen in einer rund 25 m tiefen Baulücke in Basel [053] nur mithilfe eines Patios im zentralen Wohnbereich ausreichend belichten. Die zwei Individualräume orientieren sich zur Stadt in südwestlicher Richtung. Die kommunikativen Bereiche gruppieren sich um den Patio, in dem auch ein kleiner privater Außenbereich angeordnet ist. Hinter der geschlossenen Außenwand an der Wohnungsrückseite ist die Fluchttreppe des Gebäudes angeordnet. Die Wohnungen selbst werden direkt über den Aufzug erschlossen.

Der heterogene und dichte Kontext der Wohnarche in Wien von Walter Stelzhammer [054] führte zur Konzeption eines mehrgeschossigen introvertierten Patiogebäudes. Die viergeschossigen Back-to-Back-Häuser werden neben dem Patio zusätzlich einseitig durch kleine Fenster beziehungsweise Austritte belichtet. Letztendlich übernimmt der zentrale Patio mit einer Grundfläche von 6 x 3 m die Hauptbelichtung der Wohnung. Im 1. Obergeschoss wird der Wohnhof zum introvertierten Außenbereich der Bewohner. Die Dachterrasse im letzten Geschoss bietet dagegen einen öffentlicheren Bezug zum Quartier.

Die zweigeschossigen Gebäude der Teppichsiedlung „Patio-Island" von MVRDV im Vinex-Areal in Ypenburg [055] werden ausschließlich über einen Patio belichtet. Die langgestreckten Wohneinheiten mit einer Tiefe von 5 m werden über den privaten Innenhof erschlossen. Entlang der nach Südosten vollständig verglasten Fassade sind alle Wohnfunktionen angeordnet. Im Obergeschoss ist zusätzlich jedem Individualraum eine Dachterrasse zugeordnet.

Grundriss

[053]

Herzog & de Meuron
Schützenmattstraße
Basel (CH)

Wohnfläche
115,2 m²

Außenraum
2,7 m²

Individualräume
2

Orientierung
I, Patio

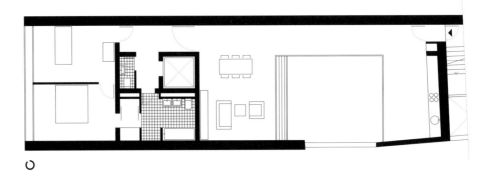

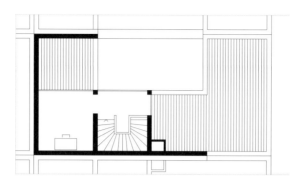

Orientierung

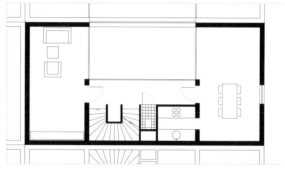

[054]

Walter Stelzhammer
Ziedlergasse
Wien (AT)

Wohnfläche
162,6 m²

Außenraum
53,3 m²

Individualräume
3

Orientierung
I, Patio

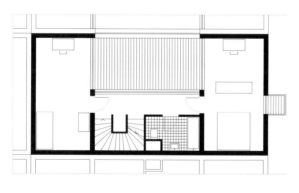

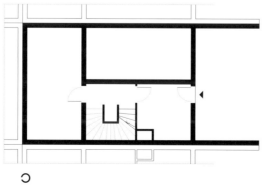

Grundriss

[055]

MVRDV
Bottgerwater
Den Haag (NL)

Wohnfläche
144,4 m²

Außenraum
164,7 m²

Individualräume
4

Orientierung
Patio

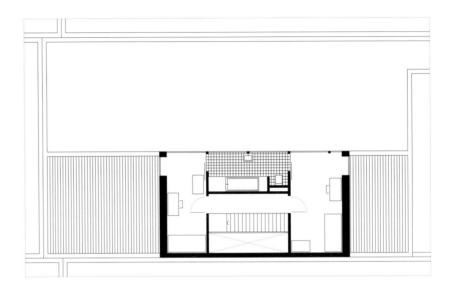

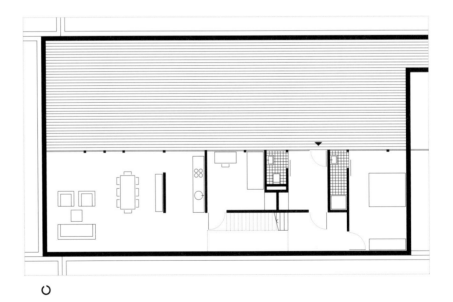

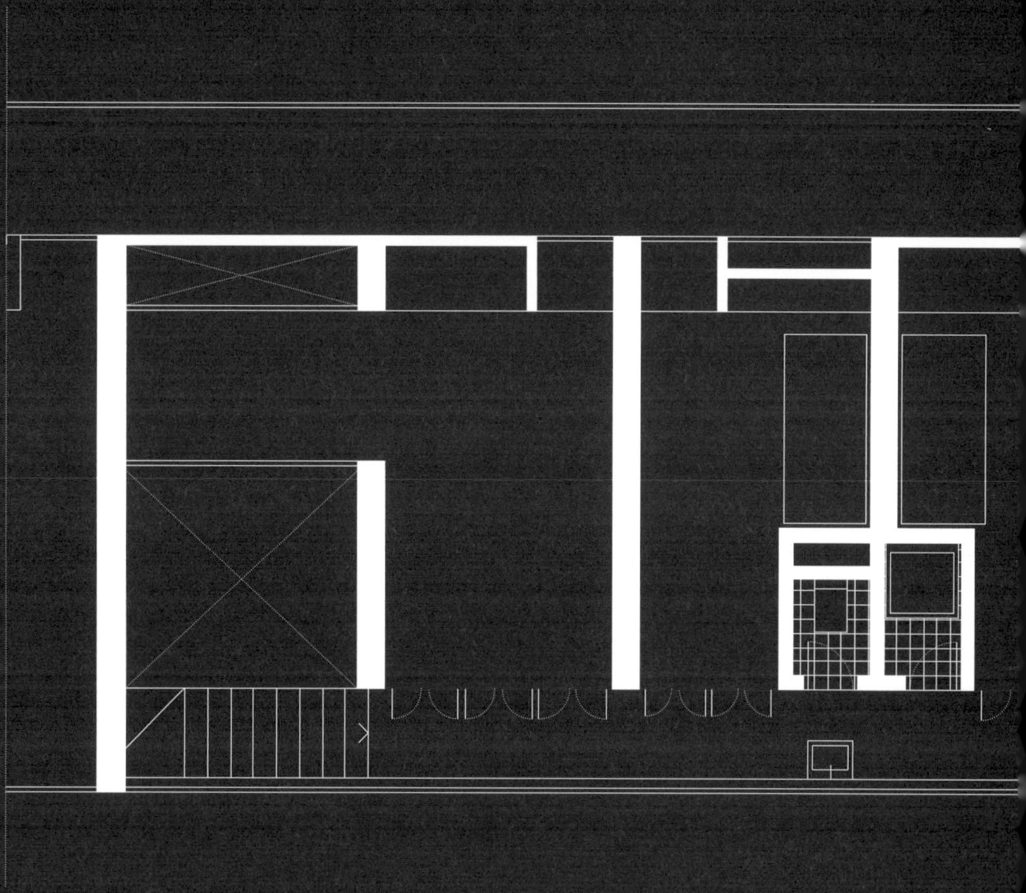

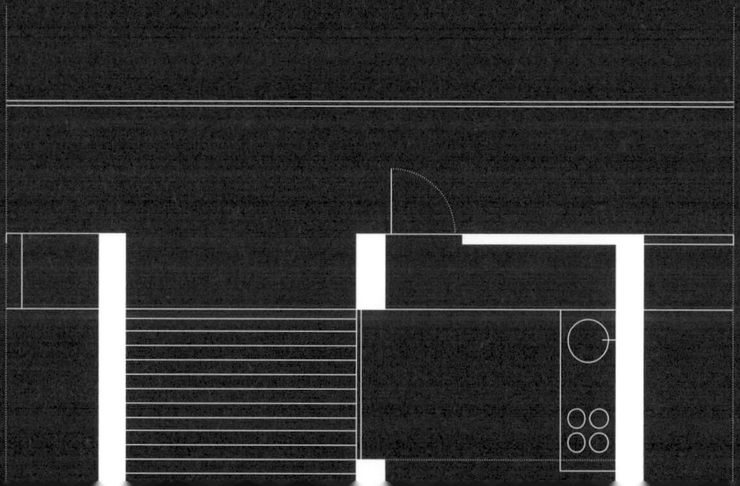

Einleitung

Neben der Größe sowie dem Zonierungstyp spielen bei der Entscheidung für die Geschossigkeit einer Wohnung unter anderem die Gewichtung von Barrierefreiheit gegenüber der Umsetzung vertikaler Raumbeziehungen und verschiedener Wohnniveaus eine Rolle. Das Verteilen der Wohnfunktionen auf eine oder auf mehrere Ebenen steht jedoch auch in einer Abhängigkeit zur Bauform und dem gewählten externen Erschließungstyp. Mehrparteienhäuser bestehen vorrangig aus Geschosswohnungen und zweigeschossigen Maisonettes. Inwieweit drei- und mehrgeschossige Wohneinheiten in diesem Gebäudetyp noch wirtschaftlich sind, sollte entwurfsspezifisch abgewägt werden. Dabei muss unter anderem der Aufwand der zusätzlich notwendigen externen Erschließung zur Größe des Gesamtprojekts einkalkuliert werden.

Im Vergleich zur eingeschossigen Wohnung bieten Maisonettes, das heißt mehrgeschossige Wohnformen, die Möglichkeit der vertikalen Raumbeziehung sowie das Erlebnis von Ausblick- und Austrittmöglichkeiten auf unterschiedlichen Geschossebenen. Niveauveränderungen sind allerdings auch im Geschosswohnungsbau ein angemessenes Mittel der Raumgestaltung, wobei die entstandenen Niveaus zusätzlich durch unterschiedliche Geschosshöhen charakterisiert werden können. Das Ziel ist dabei weniger ein Angebot von wechselnden Niveaus, sondern vielmehr eine

baulich wirksame Zonierung der Funktionsbereiche. Der konstruktive Aufwand von Niveauveränderungen in Geschosswohnungen wird dabei für das gesamte Gebäude wirksam und beschränkt sich nicht nur auf eine einzelne Wohneinheit. Daher muss hier die Synergie gesucht werden. Unterschiedliche Geschosse und Niveaus innerhalb einer Wohnung sollten jedoch nicht unter Vernachlässigung des Aspekts der Barrierefreiheit geplant werden. Die einschränkte Nachhaltigkeit in der Nutzung mehrgeschossiger Wohnungen durch die Notwendigkeit einzelner Steigungen beziehungsweise einer Treppe zur Erschließung der Geschosse sollte in der Entwurfsphase daher eine entscheidende Rolle spielen. Da das Bauelement Treppe als starres Gefüge die Veränderung der Grundrissstruktur zu einem wesentlichen Teil verhindert, wird die mehrgeschossige Raumqualität häufig durch die Einschränkung der Veränderbarkeit des Grundrisses selbst erkauft. Ab einer bestimmten Wohnungsgröße ist allerdings eine ausreichende Belichtung aller Wohnfunktionen auf einer Ebene problematisch, zudem wird der Erschließungsaufwand unverhältnismäßig hoch. Dagegen ermöglicht die Funktionsverdichtung von kleinen Wohneinheiten selten eine optimierte Anordnung der einzelnen Funktionsbereiche auf mehreren Geschossebenen und der zusätzlich notwendige Flächenbedarf für das Treppenelement widerspricht der angestrebten kompakten Grundrisslösung.

Grundriss

Eingeschossige Wohnungen

Ein wesentlicher Aspekt für die Vermarktbarkeit von eingeschossigen Wohnungen ist, neben der Qualität der Grundrissstruktur selbst, die Lage der Wohnung im Gebäude. Der Standort und Gebäudekontext stellen zudem wichtige Entscheidungskriterien dar. Die oberen Etagen eines Gebäudes können in der Regel aufgrund ihrer Aussicht sowie einer zunehmenden Privatheit der Erschließungsbereiche besser vermarktet werden. Im Luxussegment sind das Penthouse oder die Etagenwohnung im Sinne des privaten Geschosses entsprechend erfolgreiche Konzepte. Eingeschossige Wohnungen können selbstverständlich auch freistehend geplant werden, gerade im Siedlungsbau werden häufig eingeschossige Hof- und Pavillongebäude realisiert. Im städtischen Kontext findet diese Gebäudeform, unter anderem aufgrund ihrer geringen Dichte, jedoch selten Anwendung.

Die Qualität der Grundrissgestaltung eingeschossiger Wohnungen beruht neben der Grundrissdimension und -struktur auf der Disposition der einzelnen Wohnfunktionen und deren Orientierung. Die Kapitel Zonierung und Erschließung beschreiben dazu eine Vielzahl unterschiedlicher Varianten und deren Besonderheiten. Bereits erwähnt wurde die Möglichkeit, durch unterschiedliche Geschossniveaus beziehungsweise Geschosshöhen auch eingeschossige Wohnungen räumlich zu differenzieren, wodurch beispielsweise eine größere Geschosshöhe den kommunikativen Bereich einer Wohnung im Vergleich zu den individuellen und dienenden Bereichen räumlich betont.

Das Grundrissprinzip der Geschosswohnung in Graz von Riegler Riewe [056] beruht auf einem hohen Grad an Nutzungsneutralität. Die ähnlich großen Raumbereiche sind nicht spezialisiert beziehungsweise funktional linear angeordnet, sondern folgen einer vielfältigen Vernetzung. Breite Schiebetüren in Querrichtung sowie Falttüren in Längsrichtung der Wohnung ermöglichen dabei ein flexibles Zusammenschalten der einzelnen Raumschichten. Mit bodengleichen Fenstern kann zusätzlich jeder Raum, je nach Nutzerwunsch, als Loggia der Wohnung umgewidmet werden.

Das Projekt „Miss Sargfabrik" in Wien von BKK-3 [057] zeichnet sich durch eine Niveauveränderung innerhalb der Geschosswohnung aus. Mittels einer Rampe sowie einer langgezogenen Treppe im zentralen Grundrissbereich kann dieser Höhensprung vom Nutzer überwunden werden. Dadurch wird in der ansonsten offen konzipierten Wohnung eine klare Zonierung möglich. Der erhöhte Bereich kann dem Rückzug dienen, der am Laubengang anliegende ist öffentlicher und lässt bewusst die Kommunikation mit dem Erschließungsraum zu.

[056]

Riegler Riewe
Bahnhofstraße
Graz (AT)

Wohnfläche
66,5 m²

Außenraum
0,0 m²

Individualräume
3

Orientierung
II

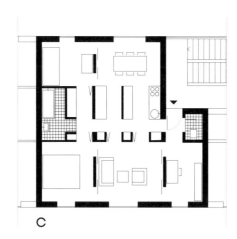

C

Grundriss

[057]

BKK-3
Goldschlagstraße
Wien (AT)

Wohnfläche
94,2 m²

Außenraum
0,0 m²

Individualräume
1

Orientierung
II

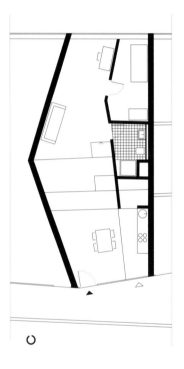

Mehrgeschossige Wohnungen

Die Anordnung der Wohnfunktionen auf mehreren Geschossen erlaubt das Ausbilden von Galerieebenen. Die mehrgeschossigen Wohnbereiche bieten nicht nur verschiedene Raumqualitäten innerhalb der Wohnung, sondern ermöglichen vertikale Sicht- und Kommunikationsbeziehungen zwischen den Funktionen. Die überhohen beziehungsweise mehrgeschossigen Bereiche können dabei sowohl an der Fassade angeordnet werden, was einen tieferen Lichteinfall im unteren Geschoss ermöglicht, oder zentral im Sinne einer Empfangs- oder Verteilerhalle. Grundsätzlich stellt die zweigeschossige Verbindung von Räumen die am häufigsten angewendete Lösung dar, da über mehr als zwei Geschosse verbundene Bereiche im seltensten Fall eine sinnvolle Grundrissgestaltung erlauben. Zusätzlich zum Luftraum hat der Treppentyp Einfluss auf die Verbindung zwischen den Ebenen. Er sollte eindeutig den Öffentlichkeitsgrad der zu erschließenden Ebene definieren und darüber die Benutzbarkeit dokumentieren. Mehrgeschossige Raumgefüge müssen sich nicht zwingend nur durch gestapelte Vollgeschosse auszeichnen. Zueinander versetzte Geschosse (Split-Level) oder einzelne erhöhte Bereiche stellen alternative Entwurfsansätze dar. Gerade Flächenoptimierungen führen jedoch häufig zu mehrgeschossigen Wohneinheiten ohne das Erlebnis der vertikalen Raumverbindung. Hier sollte gewichtet werden, welche Einflussgrößen die Mehrgeschossigkeit der

Wohneinheit begründen und inwieweit diese in der Raumstruktur ablesbar sein sollen.

Die 19 m tiefe, zweigeschossige Maisonnettewohnung in Amsterdam von Bosch Architecten [058] ist als offener Grundriss organisiert. An beiden Belichtungsseiten sind Galerieebenen angeordnet, die sämtliche Wohnfunktionen der beiden Geschosse zu einem offenen, fließenden Raum zusammenschließen.

Ohne vertikale Raumverbindungen organisiert Joachim Wendt das dreigeschossige Einfamilienhaus in Darmstadt [059]. Im Erdgeschoss sind die kommunikativen Bereiche angeordnet; das 1. und 2. Obergeschoss nehmen drei Individualräume und zugeordnete Sanitärräume auf. Zusätzlich befindet sich im 2. Obergeschoss der private Außenraum in Form einer Dachterrasse, der durch Art und Lage der zweiläufigen Treppe ohne Störung der Bewohner des Zwischengeschosses erreichbar ist.

In Gifu [060] schaltete Kazuyo Sejima gleichgroße Raummodule zu einer zweigeschossigen, versetzten Wohneinheit zusammen. Alle Raummodule sind über einen Laubengang in jedem Geschoss unabhängig voneinander erschließbar. Im zweigeschossigen Eingangsmodul wird auch die Funktion der Küche aufnommen. Eine Brücke im Obergeschoss dieses Moduls erlaubt dabei die Kommunikation zwischen den Ebenen.

Grundriss

[058]

Bosch Architecten
Bezaanjachtplein
Amsterdam (NL)

Wohnfläche
104,0 m²

Außenraum
0,0 m²

Individualräume
1

Orientierung
II

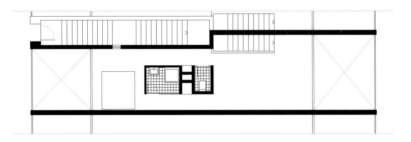

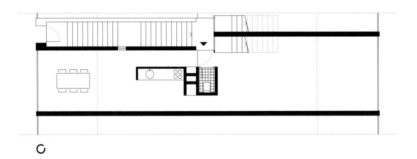

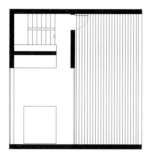

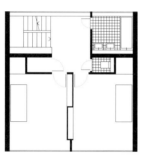

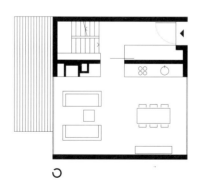

[059]

Joachim Wendt
Rückertstraße
Darmstadt (DE)

Wohnfläche
142,5 m²

Außenraum
37,5 m²

Individualräume
3

Orientierung
IV

Grundriss

[060]

Kazuyo Sejima
Kitagata
Gifu (JP)

Wohnfläche
61,0 m²

Außenraum
12,5 m²

Individualräume
2

Orientierung
II

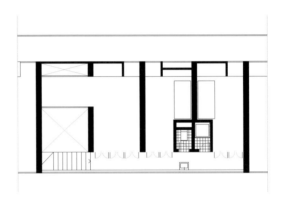

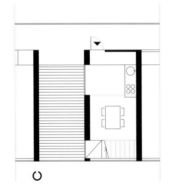

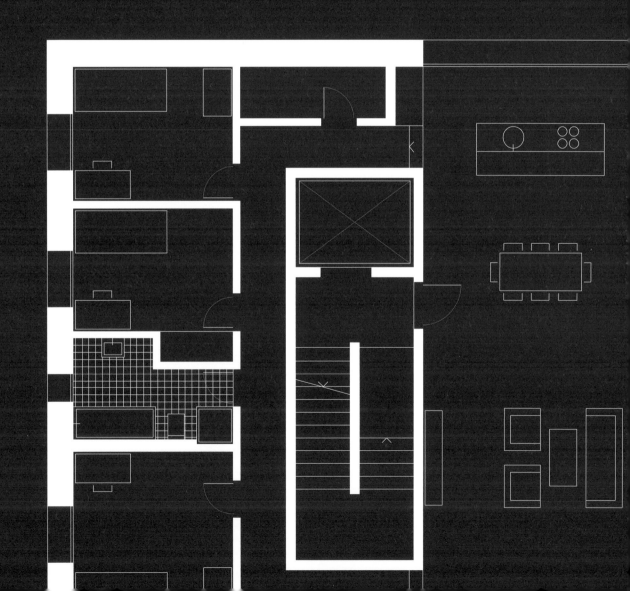

Einleitung

Die Zonierung von Wohngrundrissen, das heißt das Bilden von Funktionszonen mit gleichen Eigenschaften und Anforderungen, übt als Grundrissaspekt wesentlichen Einfluss auf die Benutzbarkeit einer Wohnung aus. Zonierung entspricht zu einem großen Teil dem Ordnungsprinzip des Grundrisses, wobei nicht nur die Stellung der kommunikativen Zonen zu den individuellen Räumen gemeint ist. Gerade die Lage der Sanitärbereiche und des Wohnungseingangs spielen für die Leistungsfähigkeit von Wohnungen eine entscheidende Rolle. Es gilt also sämtliche Funktionen des Wohngrundrisses in einer sinnvoll nutzbaren Struktur anzuordnen, dienende Bereiche von bedienten zu unterscheiden und den räumlichen Zusammenhang der einzelnen Bereiche entsprechend ihrer Nutzung zu planen.

Eine gelungene Grundrisszonierung zeichnete sich lange dadurch aus, dass Individualräume ungestört und entkoppelt von den kommunikativen Bereichen angeordnet wurden. Der Zugang zum Sanitärbereich sollte aus den Individualräumen ohne das Durchqueren der kommunikativen Zonen möglich sein. Im besten Fall waren Individualräume direkt und ohne ein Queren der kommunikativen Bereiche vom Wohnungseingang aus zugänglich. Die gesellschaftlichen Veränderungen und die daraus resultierenden Wohnwünsche stehen heute in Teilen der geschilderten Grundrisszonierung entgegen. Zum einen widerspricht die Erschließungs-situation der gegenwärtig nachgefragten offenen Grundrisstypen dem ungestörten Zugang zum Individualbereich; sie findet in einer Vielzahl der Beispiele integriert aus dem kommunikativen Bereich statt. Zum anderen führt der Wunsch nach nutzungsneutralen Räumen, die sowohl als privater Rückzugsraum als auch als Büro-, Hobbyraum etc. genutzt werden können, dazu, dass die Widmung als ungestörter Individualraum mit entsprechender Anordnung im Grundriss weniger streng ist. Zuletzt stehen der gesellschaftlichen Individualisierungstendenz tradierte Wohnvorstellungen entgegen, die den Wunsch nach größerer Unabhängigkeit der einzelnen Bewohner im seltensten Fall gerecht werden. Gerade bei nichtfamiliären Wohnformen wird der private Rückzugsraum immer häufiger als voll funktionsfähiges Miniappartment mit eigenem Sanitärbereich und teilweise sogar mit eigenem Kochbereich konzipiert.

Besonders bei Geschosswohnungen spielt die Zonierung des Wohngrundrisses eine übergeordnete Rolle. Hier gilt es die Multifunktionalität der Individualräume innerhalb der Grundrissanordnung zu fördern und gleichzeitig ungestörte Rückzugsoptionen zu erhalten. Hierzu bieten differenzierte Raumangebote in einer Wohnung geeignete Lösungsansätze, die bei mehrgeschossigen Wohnungen alleine durch die Anordnung der einzelnen Wohnfunktionen auf mehreren Ebenen vielfältiger ausfallen.

Grundriss

Horizontale Zonierung

Die Organisation der Wohnfunktionen auf einer Ebene erfolgt im Regelfall durch Flure oder im offeneren Grundrisstypus durch eingestellte Serviceboxen, die die Trennung der Individualbereiche von den kommunikativen Zonen ermöglichen. Die horizontale Zonierung steht dabei in enger Abhängigkeit zur Orientierung, das heißt zu den möglichen Belichtungsseiten der Wohnung. Die Entwicklung weg von Wohngrundrissen mit einem differenziertem Raumangebot zu Grundrisstypen mit einem offenen kommunikativen Wohn-/Essbereich, der zudem häufig Erschließungsraum ist, bedeutet für die Zonierung der Wohnungen eine zusätzliche Herausforderung. Die klassische Funktionstrennung mittels Diele oder Flur, die die historische Entwicklung des Wohnungsbaus beschreibt und dabei auf eine räumlich wirksame Trennung von Tag- und Nachtnutzung zielt, ist heute oftmals aufgehoben. Andere Mittel müssen für eine geringstmögliche Störung zwischen kommunikativem und individuellem Bereich sorgen, um sowohl für das Wohnmodell im Familienverband als auch für das nichtfamiliäre Wohnen ein langfristiges Angebot darzustellen.

Theo Hotz bildet in Zürich [061] getrennte Funktionsbereiche aus, die jeweils an einer Belichtungsseite angeordnet werden. Von einem zweiten Erschließungsbereich, der vom Hauptflur abgetrennt wurde, werden drei Individualräume und zwei Sanitärbereiche erschlossen. Durch die Anordnung der Flurbereiche am Patio werden beide Erschließungsräume natürlich belichtet und können so weitere Funktionen übernehmen.

Burkard Meyer Architekten organisieren die Geschosswohnung in Baden [062] um den mittig angeordneten externen Erschließungsraum. Die Wohnung wird über ihren offenen, kommunikativen Bereich erschlossen. Die Individualräume sind entlang eines schmalen Flurs im Rücken des Eingangsbereichs angeordnet, der zusätzlich seine Privatheit über eine um zwei Stufen verringerte Raumhöhe gegenüber dem kommunikativen Bereich dokumentiert.

Die Wohnung im Pflegerinnenareal in Zürich [063] von Gigon/Guyer Architekten folgt einer klaren Grundrissstruktur. Die Wohnungstiefe wird in vier unterschiedlich tiefe Zonen gegliedert. Jeweils an den Belichtungsseiten liegen die Individual- und Gemeinschaftsräume. Dazwischen nimmt eine eingestellte Funktionsschicht die Sanitärfunktionen, die Küche sowie die Garderobe auf und trennt gleichzeitig die tiefe Raumschicht vom Erschließungsflur.

Die Lage und Dimension der Küchenzeile ermöglicht in der Geschosswohnung von A.D.P in Zürich [064], zwei versetzt angeordnete Individualräume ungestört, ohne Queren des kommunikativen Bereichs, zu erschließen. Jedem Individualraum wird zusätzlich ein voll ausgestatteter Sanitärraum zugeordnet, der zusätzlich die Rückzugsmöglichkeit der einzelnen Bewohner fördert.

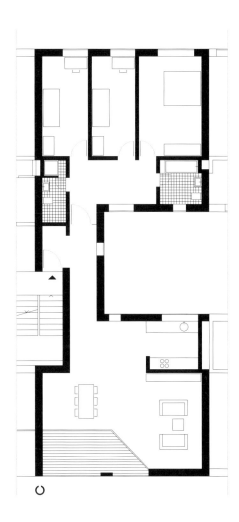

[061]

Theo Hotz
Buchgrindelstraße
Zürich (CH)

Wohnfläche
110,5 m²

Außenraum
11,5 m²

Individualräume
3

Orientierung
II, Patio

Grundriss

[062]

Burkard Meyer
Architekten
Martinsbergstraße
Baden (CH)

Wohnfläche
135,1 m²

Außenraum
22,4 m²

Individualräume
4

Orientierung
IV

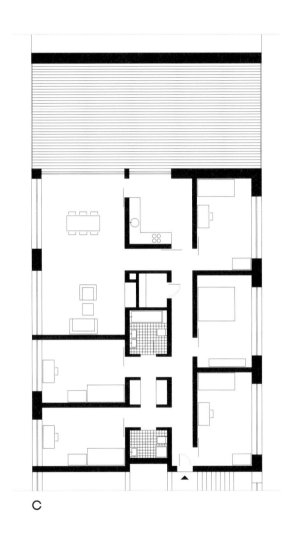

C

[063]

Gigon/Guyer Architekten
Carmenstraße
Zürich (CH)

Wohnfläche
173,0 m²

Außenraum
76,0 m²

Individualräume
5

Orientierung
III

Grundriss

[064]

A.D.P. Walter Ramseier
Hohlstraße
Zürich (CH)

Wohnfläche
119,0 m²

Außenraum
14,7 m²

Individualräume
3

Orientierung
III

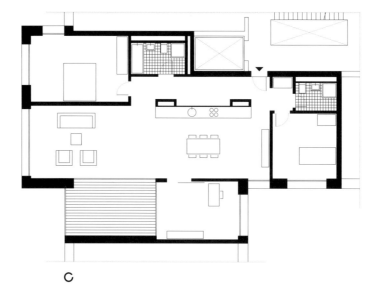

Vertikale Zonierung

Bei mehrgeschossigen Wohnungen können die Funktionsbereiche auf verschiedene Geschosse verteilt werden. Die vertikale Verteilung der Bereiche kann dabei auf unterschiedlichen Lösungsansätzen basieren. Zum einen können alle kommunikativen Funktionen auf einem Geschoss gebündelt und die Individualräume auf einem weiteren Geschoss angeordnet werden. Die Erlebbarkeit des mehrgeschossigen Wohnens geht bei dieser geschossweisen Zonierung allerdings häufig verloren. Eine andere Möglichkeit lässt vertikale Raumverbindungen zu und erfordert dann jeweils zusätzlich eine horizontale Zonierung der Geschossebenen. Auch die Lage der einzelnen Funktionen im mehrgeschossigen Wohnungsbaustein gilt es zu prüfen. Eine klassische Anordnung, bei der eine Wohnung über den kommunikativen Bereich erschlossen wird und in den darüberliegenden Geschossen die Individualräume angeordnet werden, hat zumindest bei einer Dachnutzung den Nachteil, dass die private Außenraumfläche auf dem Dach nicht aus dem kommunikativen Bereich erschlossen wird. Im umgekehrten Fall wird über das Individualraumgeschoss die kommunikative Ebene erschlossen. Hier muss im Entwurf besonderes Augenmerk auf der Anordnung der Treppe liegen, um ein dauerhaftes Stören der Bewohner zu vermeiden. Ob die Treppe als eindeutige Grenze oder als offenes, geschossverbindendes Element wahrgenommen wird, liegt an deren Lage und dem verwendeten Treppentyp.

Das zweigeschossige Einfamilienhaus in Ennetmoos [065] von Ken Architekten basiert auf einem kommunikativen Erschließungsgeschoss und einem darüberliegenden Individualraumgeschoss. Eine eingestellte Box nimmt im Erdgeschoss die einläufige Treppe, das Gäste-WC sowie Abstell- und Küchenfunktionen auf. Gleichzeitig zoniert die Servicebox den quadratischen Grundriss in Koch- und Ess- beziehungsweise Wohnbereich. Zwei Galeriesituationen im Obergeschoss verbinden die Geschosse visuell und akustisch.

Eine quer gestellte Treppe teilt das dreigeschossige Reihenhaus am Betzenberg [066] in zwei Grundrisszonen. Dabei wird eine Raumschicht, in der sämtliche Individualräume, Eingangsbereich, Küche und Sanitärbereich liegen, nach Norden ausgerichtet. Nach Süden sind alle drei Geschosse kommunikativ und offen geplant; zwischen Erdgeschoss und 1. Obergeschoss sind sie zudem über eine Galerie verbunden.

Die zweigeschossige Wohnung in Baden [067] wird über ein kleines Entree erschlossen, von dem aus eine einläufige Treppe direkt in das Obergeschoss führt. Dieses nimmt die Wohn-, Koch- und Essfunktionen auf. Im unteren Geschoss sind die beiden Individualräume durch zwei vorgeschaltete Sanitärbereiche vom Eingangs- und Erschließungsbereich entkoppelt und bieten eine ungestörte Rückzugsmöglichkeit.

Grundriss

[065]

Ken Architekten
Vorsässstraße
Ennetmoos (CH)

Wohnfläche
175,5 m²

Außenraum
0,0 m²

Individualräume
3

Orientierung
IV

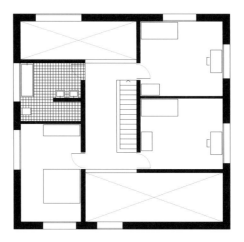

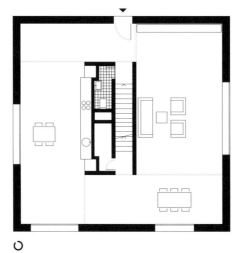

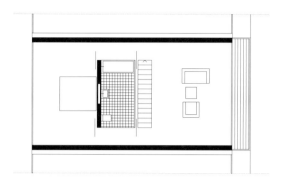

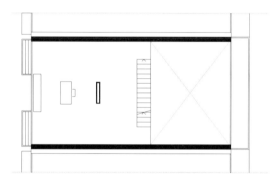

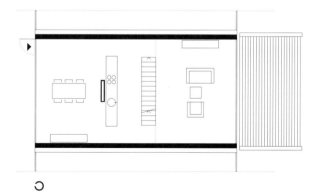

[066]

AV1 Architekten
Betzenberg
Kaiserslautern (DE)

Wohnfläche
200,0 m²

Außenraum
34,3 m²

Individualräume
1

Orientierung
II

Grundriss

[067]

Burkard Meyer
Architekten
Mellingerstraße
Baden (CH)

Wohnfläche
140,1 m²

Außenraum
25,6 m²

Individualräume
2

Orientierung
II

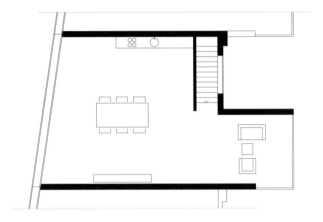

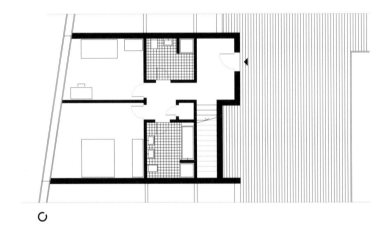

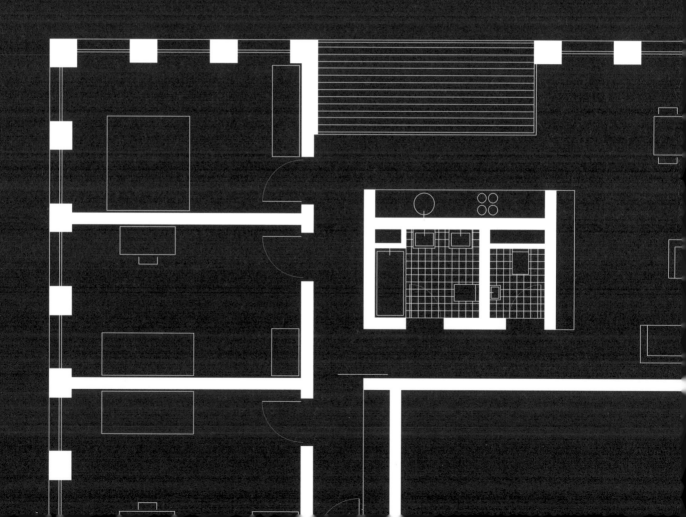

Einleitung

Mit dem Begriff Wohnfunktionen sind letztendlich die einzelnen Tätigkeiten gemeint, die innerhalb einer Wohnung verrichtet werden, zum Beispiel Essen, Schlafen, Spielen, Arbeiten, Kommunizieren, Reinigen. Im Allgemeinen werden diese einzelnen Tätigkeiten unmittelbar mit einem speziell dafür gewidmeten Raum gleichgesetzt, wie zum Beispiel Küche, Schlafzimmer, Arbeitszimmer und so weiter. Über die Entwicklungsgeschichte des Wohnungsbaus haben sich dabei Konventionen entwickelt, die diese Räume hinsichtlich Größe, Möblierung, Mindestabständen, Orientierung und vielem mehr in vordefinierten Konfigurationen fixieren. Dies mag aus der Sicht des am Minimum orientierten Wohnungsbaus der Nachkriegszeit noch notwendig erscheinen, jedoch ermöglicht die Wandlung des Wohnens zum Konsumprodukt die unvoreingenommene Auseinandersetzung mit den Funktionsanforderungen und damit ein enormes Entwurfspotenzial.

Selbst der Begriff des „Raumprogramms" impliziert die Verknüpfung der einzelnen Funktionen mit dem spezialisierten Raum, so dass der Begriff zunehmend komplexer verstanden wird und nur noch reduziert als „Programm" sämtliche Anforderungen an die Wohnung repräsentiert. Aufgrund dieser begrifflichen Vorbelastung erscheint es sinnvoll, im Entwurfsprozess von einzelnen Funktionsbereichen statt Räumen zu sprechen.

Die einzelnen funktionalen Wohnungsanforderungen sind dabei letztendlich immer gleich, nur die unterschiedliche Gewichtung und Interpretation bildet das Spektrum für den individuellen Entwurf. Die einzelnen Funktionen stehen nicht unvermittelt nebeneinander, sondern bilden logische Konfigurationseinheiten. Im Wesentlichen lassen sich die Funktionen in kommunikative, individuelle und dienende Funktionsbereiche gliedern. Eine Ausnahme bildet die Erschließung, die gewissermaßen als Rückgrat die einzelnen Funktionen miteinander verknüpft und deswegen gesondert betrachtet werden muss. Eine weitere besondere Position in diesem Zusammenhang nimmt der private Außenraum ein, der eine Teilmenge der einzelnen Funktionen im Freien abbildet und aufgrund seiner besonderen Bedeutung für den Wohnungsbau auch in einem eigenen Kapitel erörtert wird.

Über die elementaren Wohnfunktionen hinaus gibt es eine Reihe von zusätzlichen Funktionen, die in den Wohngrundriss integriert werden und häufig den individuellen Charakter der Wohnung herausbilden. Im Zuge der veränderten Arbeitswelt finden zum Beispiel entsprechende Funktionsbereiche bei der Grundrisskonzeption verstärkt Berücksichtigung und besondere Hobbys werden nicht mehr nur im Kellergeschoss versteckt, sondern als wesentliche Wohnfunktion und Gestaltungselement entdeckt.

Grundriss

Individuelle Bereiche

Der Individualbereich wird selten so genannt; meistens findet man ihn unter der Bezeichnung Elternschlafzimmer oder Kinderzimmer. Automatisch stellen sich damit die konventionellen Bilder und die damit verbundenen Raumkonfigurationen ein. Diese, aus dem traditionellen Familienbild stammenden Raumkonfigurationen, prägen bis heute die allermeisten Wohngrundrisse. Längst haben sich jedoch die Lebensformen pluralisiert und auch innerhalb von Familienstrukturen ist die gewohnte Raumkonfiguration kritisch zu hinterfragen. Gerade in der Auseinandersetzung mit einem spezifischen Nutzer besteht das Risiko, eine Momentaufnahme seiner Lebenssituation als Grundrisskonfiguration zu fixieren. Eine nachhaltige Betrachtung ermöglicht ganz andere Entwurfsansätze. Allgemein kann man behaupten, dass der Anspruch an einen spezifisch ausgeprägten Individualbereich mit zunehmendem Alter steigt. Gleiches gilt für den Grad der persönlichen Bindung der Bewohner untereinander. Je geringer die Bindung, desto größer fällt im Allgemeinen der private Rückzugsbereich aus. Das Spektrum der konkreten Umsetzung reicht von der offenen Integration in den Grundriss bis zum fast unabhängigen Appartement (zum Beispiel Einliegerwohnung) innerhalb der Wohnung. Die räumliche Zuordnung der Individualräume zu den Sanitärräumen ist ein wesentliches Merkmal um die Privatheit innerhalb der Wohnung zu gewährleisten.

Bei kleineren Wohnungen wird die Privatsphäre des Individualbereichs häufig nur durch ein Möbel in Form eines Regals oder Schranks hergestellt wie zum Beispiel beim „Wohnhaus für Betagte" [068] von Peter Zumthor.

Beim Projekt „Vier Gleichen" [069] von Walter Stamm-Teske und AFF Architekten sind die Individualbereiche innerhalb des Einfamilienhauses ähnlich eines Schlafwagenabteils zugunsten der kommunikativen Flächen optimiert. Jeder Bewohner des Hauses erhält eine gleichwertige Rückzugsmöglichkeit. Arbeits- und Spielflächen sind in den gemeinschaftlichen, kommunikativen Bereich ausgelagert.

Beim Studentenwohnheim [070] von Fink + Jocher gruppieren sich vier gleichwertige und relativ große Individualräume um die mittlere kommunikative Zone. Über einen eigenen Sanitärbereich ist jeder Bewohner relativ autark.

Beim „Naked House" [071] thematisiert Shigeru Ban die Individualräume in besonderer Weise, indem diese als bewegliche Raumzellen frei in den kommunikativen Raum gestellt werden.

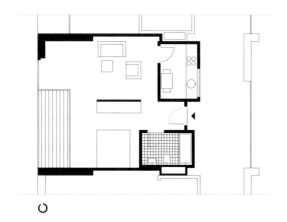

[068]

Peter Zumthor
Cadonaustraße
Chur (CH)

Wohnfläche
47,0 m²

Außenraum
7,0 m²

Individualräume
1

Orientierung
II

Grundriss

[069]

Walter Stamm-Teske,
AFF Architekten
Albrecht-Dürer-Straße
Weimar (DE)

Wohnfläche
147,0 m²

Außenraum
109,0 m²

Individualräume
5

Orientierung
IV

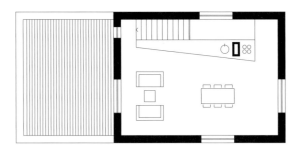

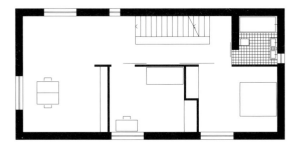

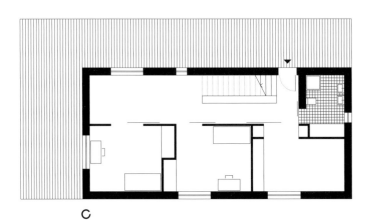

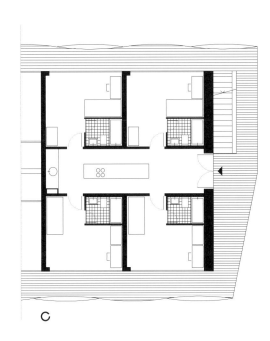

[070]

Fink + Jocher
Enzianstraße
Garching (DE)

Wohnfläche
87,4 m²

Außenraum
32,2 m²

Individualräume
4

Orientierung
III

Grundriss

Shigeru Ban
Saitama
Kawagoe (JP)

Wohnfläche
107,5 m²

Außenraum
34,2 m²

Individualräume
3

Orientierung
IV

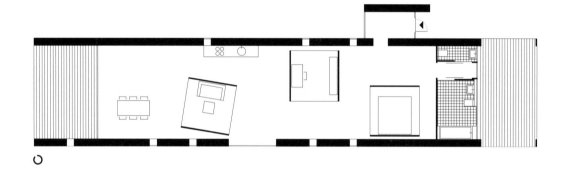

Kommunikative Bereiche

Im Allgemeinen wird das „Wohnen" oder das Wohnzimmer mit einer kommunikativen Funktion in Verbindung gebracht. Reflektiert man die Einrichtungsstandards, so stellt man fest, dass das „Wohnen" in Form einer Sitzgruppe und häufig einer Art Schrankwand mit den obligatorischen Medien (TV, Hi-Fi-System) seine Entsprechung findet. In diesem Zusammenhang findet man auch oft die Funktion des Essens in Form einer größeren Tischgruppe. Die Integration der Funktion des „Kochens" in diesen Bereich wird relativ unterschiedlich gehandhabt, das Spektrum reicht von der völligen Trennung bis zur zentralen Thematisierung. Die Erschließung wird ebenfalls häufig zur räumlichen Erweiterung des Kommunikationsbereichs mit einbezogen. Der kommunikative Bereich bildet gleichzeitig den öffentlicheren Teil der Wohnung; hier empfängt man Gäste; hier repräsentiert sich die Wohnung. Erneut bemerkt man den unterbewussten Einfluss der Wohntraditionen, selten werden die Raum- und Möblierungskonfigurationen hinterfragt. Einige innovativere Ansätze setzen sich mit der Thematik der neuen Esskultur auseinander und stellen die Ess- und Kochsituationen stärker in den Mittelpunkt des Geschehens. Andere Beispiele fokussieren die medialen Komponenten und richten dahingehend die Möblierung aus. Die Gestaltung der kommunikativen Bereiche ist häufig die zentrale Motivation der Entwurfsarbeit und charakterbildend für die Wohnung.

Im Rahmen von Musterbauten für die Betonindustrie entstand der Wohnbau [072] von Adolf Krischanitz. Es ist ein Beispiel für die explizite Thematisierung der kommunikativen Wohnfunktionen. Um einen zentralen Wohnraum gruppieren sich alle weiteren Wohnfunktionen.

Bei der „Unité d'habitation" in Marseille [073] inszeniert Le Corbusier den kommunikativen Wohnbereich als überhohen Raum über zwei Geschosse. Die privaten Wohnbereiche befinden sich im darüberliegenden Geschoss. Einer der Individualräume ist über eine Galerie mit dem Wohnraum verbunden.

Das „Picture Window House" von Shigeru Ban [074] bündelt sämtliche kommunikativen Funktionen zu einem großzügigen, offenen Raum. Diese Wirkung wird insbesondere durch die spezielle Tragkonstruktion ermöglicht.

Grundriss

[072]

Adolf Krischanitz
Oskar-Simony-Straße
Wien (AT)

Wohnfläche
97,0 m²

Außenraum
8,1 m²

Individualräume
4

Orientierung
III

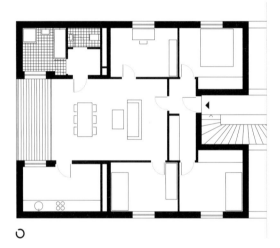

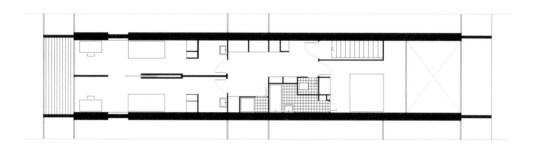

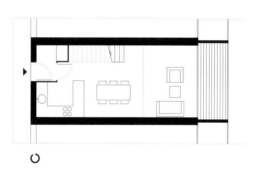

[073]

Le Corbusier
Boulevard Michelet
Marseille (FR)

Wohnfläche
95,7 m²

Außenraum
13,0 m²

Individualräume
3

Orientierung
II

Grundriss

[074]

Shigeru Ban
Izu
Shizuoka (JP)

Wohnfläche
276,2 m²

Außenraum
51,7 m²

Individualräume
4

Orientierung
II

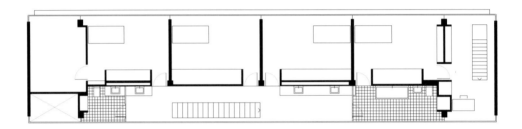

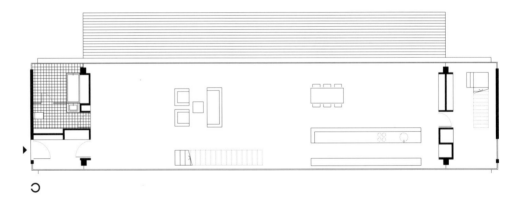

Dienende Bereiche

Zu den dienenden Bereichen einer Wohnung zählen im Wesentlichen die Sanitärräume und Abstellbereiche, also das Reinigen und Lagern. Das Kochen wird, wie im vorangegangenen Kapitel bereits erwähnt, verstärkt dem kommunikativen Bereich zugeordnet. Der Umgang mit dem Sanitärbereich hat sich in der historischen Entwicklung des Wohnungsbaus wesentlich verändert. Ehemals als Abort häufig außerhalb der Wohnung platziert, wandelt sich dieser Bereich unter dem Einfluss eines zunehmenden Körperbewusstseins zu einer wichtigen Funktion. Das Spektrum reicht von der kompakten Nasszelle bis zum goßzügigen Wellnessbereich. Eine viel diskutierte Frage ist die notwendige Anzahl voneinander unabhängiger Sanitärbereiche. So besteht die Frage, ab welcher Nutzeranzahl ein weiteres WC, Dusche et cetera sinnvoll wird. Die Bereiche für das Abstellen und Lagern innerhalb einer Wohnung kommen häufig zu kurz. Gerade in Mehrfamilienhäusern fehlt oftmals ein ausreichender Stauraum im Keller, so dass Kinderwagen, Fahrräder und Getränkekisten nur schwer untergebracht werden können. Das Lagern von Nahrungsmitteln ist angesichts einer allgegenwärtigen Verfügbarkeit sämtlicher Waren ein Relikt aus vergangenen Tagen. In vielen Ländern, wie zum Beispiel den USA, ist ein begehbarer Kleiderschrank längst Standard und gewinnt auch in Europa beim Grundrissentwurf an Bedeutung.

Beim Hamburger Projekt [075] von blauraum Architekten wurde aus einem bestehenden Bürogebäude ein Wohnungsbau entwickelt. Es ist ein gutes Beispiel für eine typische Konfiguration aus vollwertigem Bad mit Dusche und Wanne sowie einem zusätzlichen WC, zum Beispiel für Gäste.

Bei Wohnungen, die sich über mehrere Ebenen erstrecken, besteht häufig der Wunsch, auf jeder Ebene einen Sanitärbereich vorzufinden, wie zum Beispiel beim Projekt [076] von Atelier 5. Damit wird eine unabhängige Nutzung der Etagen bis hin zur Nutzung als Einliegerwohnung ermöglicht.

Bei der Wohnanlage in Sydney [077] von Engelen und Moore wird die Abstell-Problematik thematisiert, indem über die gesamte Wohnungstrennwand eine leistungsfähige Schrankschicht konzipiert wurde, die sogar eine Küchenzeile mit einschließt.

Grundriss

[075]

blauraum Architekten
Bogenallee
Hamburg (DE)

Wohnfläche
105,7 m²

Außenraum
10,6 m²

Individualräume
3

Orientierung
II

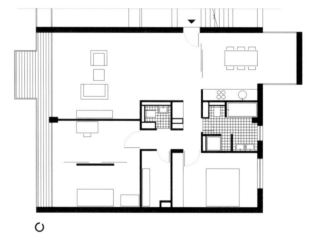

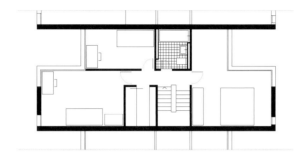

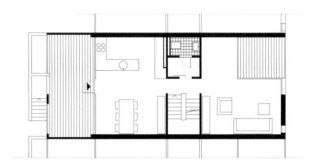

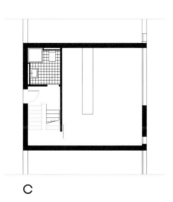

C

[076]

Atelier 5
Brüggbühlstraße
Niederwangen (CH)

Wohnfläche
121,6 m²

Außenraum
25,1 m²

Individualräume
4

Orientierung
II

Grundriss

[077]

Engelen Moore
Barcom Avenue
Sydney (AU)

Wohnfläche
107,2 m²

Außenraum
8,3 m²

Individualräume
2

Orientierung
II

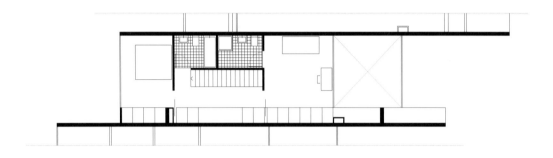

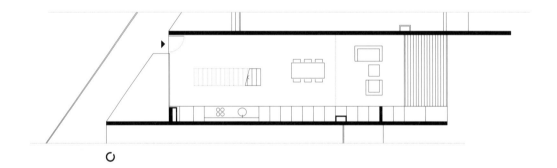

Zusätzliche Bereiche

Neben den klassischen Wohnfunktionen gibt es verschiedene zusätzliche Funktionen, die in den Wohngrundriss mit eingebunden werden können. Durch die veränderte Arbeitswelt und eine vollständige Vernetzung ist beispielsweise ein Heimarbeitsplatz eine häufige Option. Ähnliches gilt auch für den Freizeitbereich. Hobbys, ehemals in Kellerräumen provisorisch betrieben, werden immer professioneller ausgelebt und entwickeln sich teilweise bis zur gewerblichen Nutzung. Diese zusätzlichen Funktionen können von so zentraler Rolle für den Entwurf sein, dass sie beispielsweise wie bei einem Atelierhaus den gesamten Wohnungsentwurf prägen und die grundlegenden Wohnfunktionen in den Hintergrund treten lassen. Häufiger wird jedoch ein zusätzlicher, multifunktionaler Raum gewünscht, der vielfältige Funktionen vom Gästezimmer bis zum Arbeitsraum erfüllen kann. Gerade bei möglichem Kundenverkehr ist dabei die separate oder zumindest von der übrigen Wohnung weitestgehend ungestörte Erschließung eine wesentliche Anforderung. Auch das Thema der Nutzungsneutralität spielt hier eine Rolle, da die Anforderungen an die räumlichen Dimensionen eines Arbeitsraums im Allgemeinen vergleichbar mit denen eines Individualraums sind und daher einer gleichwertigen Ausprägung wenig im Wege steht. Da die unmittelbare Verbindung von Arbeitswelt und privater Welt häufig als problematisch eingestuft wird, werden verstärkt flexible Konzepte entwickelt, bei denen zusätzliche Räume losgelöst von der Wohnung, aber im gleichen Gebäude, temporär genutzt werden können.

Beim Wohngrundriss von Rapp + Rapp [078] wurde der Wohnung ein vollständiger Einliegerbereich zugeordnet. Zahlreiche zusätzliche Nutzungen vom unabhängigen Büro über die Unterbringung einer nahestehenden und gegebenenfalls pflegebedürftigen Person bis hin zu einer professionellen Pflegekraft sind vorstellbar.

Beim Projekt von Max Dudler [079] wurde aus der Reihe der Individualräume ein weiterer Raum entwickelt, der vollständig dem Eingangsbereich zugeordnet ist. Hier wäre beispielsweise eine Büronutzung mit gelegentlichem Kundenverkehr vorstellbar. Die Privatheit der übrigen Wohnung bleibt gewährleistet.

Beim Maisonette-Grundriss des Büros 03 München [080] steht die zusätzliche Wohnfunktion immer noch im Zusammenhang mit der übrigen Wohnung, wird jedoch vollständig getrennt erschlossen, so dass aufgrund der Lage im Erdgeschoss Kundenverkehr gut möglich ist.

Grundriss

[078]

Rapp + Rapp
Centrum Ypenburg
Den Haag (NL)

Wohnfläche
102,0 m²

Außenraum
0,0 m²

Individualräume
3

Orientierung
III

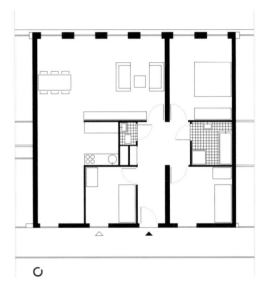

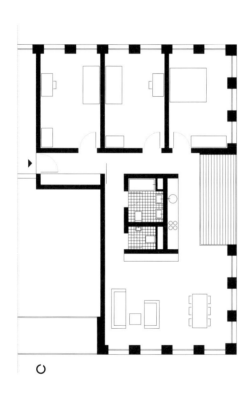

[079]

Max Dudler
Kirchgasse
Zürich (CH)

Wohnfläche
96,5 m²

Außenraum
9,2 m²

Individualräume
3

Orientierung
III

Grundriss

[080]

03 München
Nackstraße
Mainz (DE)

Wohnfläche
82,2 m²

Außenraum
31,6 m²

Individualräume
2

Orientierung
I

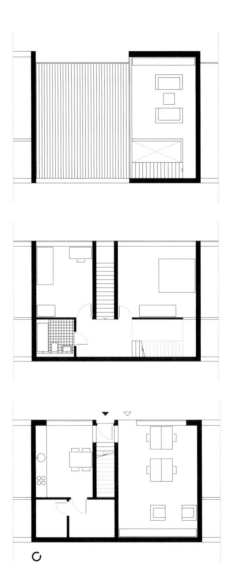

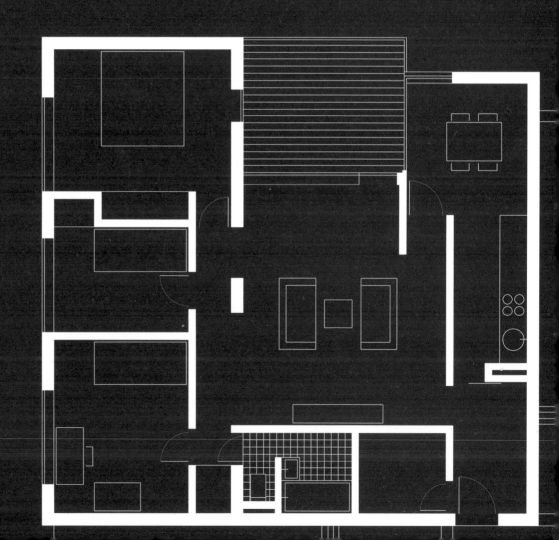

Einleitung

Mit Erschließung wird die interne Verknüpfung der einzelnen Funktionsbereiche
einer Wohnung bezeichnet. Grundsätzlich
wird zwischen der horizontalen und der
vertikalen Erschließung unterschieden.
Das Erschließungssystem bildet gewissermaßen das Skelett oder Gefäßsystem
des Wohngrundrisses. Die Wahl der
Erschließungstypologie und auch deren
Änderung im Entwurfsprozess haben
gravierende Auswirkungen auf die gesamte
Grundrisskonzeption. Bei keiner anderen
Grundrisskomponente wird das eingangs
erwähnte Bild des Grundrisses als oszillie-
rendes Gefäß deutlicher. Bei der Konzeption
der Erschließung können unterschiedlichste
Strategien verfolgt werden. Erschließungsräume können automatisch in bestimmte
Richtungen weisen oder diese versperren.
Erschließungssysteme können unterschiedlich präsent sein und damit zum Beispiel die
privateren und öffentlicheren Wohnbereiche
kennzeichnen. Die Klarheit einer Grund-
rissgliederung kann betont oder bewusst
komplex angelegt werden.

Im Allgemeinen definieren Erschließungssysteme innerhalb einer Wohnung einen
Anfangs- und einen Endpunkt. Dies ist für
die Funktionsverteilung von besonderer Bedeutung. Ebenso besteht jedoch die Option
der mehrfachen Erschließung, wodurch die
Bewegungsabläufe innerhalb des Grundrisses vervielfacht werden.

Die Erschließungsthematik beinhaltet auch
die Eingangssituation der Wohnung. An
dieser Schnittstelle zwischen Öffentlichkeit und Privatheit „der Adresse" ist es
wesentlich, über die repräsentativen und
funktionalen Anforderungen nachzudenken.
Funktional findet hier im Wesentlichen ein
Wechsel von Kleidung und das Abstellen
verschiedenster Utensilien bis hin zum
Kinderwagen oder Fahrrad statt. Gerade
im städtischen Kontext ist die sorgfältige
Gestaltung dieser Pufferzone von besonderer Bedeutung.

Die räumliche Ausprägung der Erschließung
öffnet ein Spektrum unterschiedlicher
Gestaltungsansätze, beginnend bei der
optimierten monofunktionalen Widmung
über die Erweiterung zu selbstständigen
Aufenthaltsbereichen bis hin zur grundriss-
prägenden Inszenierung wie man dies zum
Beispiel bei den Enfiladen gründerzeitlicher
Grundrisse erleben kann.

Horizontale Erschließung

Die horizontale Erschließung ist fester Bestandteil jeder Wohnung, kann jedoch in unterschiedlicher Form ausgeprägt sein. Je höher die Anzahl der zu erschließenden Funktionsbereiche oder Räume, desto ausgeprägter die Erschließungsthematik. Die Erschließung definiert die Wegeführung durch die Wohnung. Bei Wohnungen mit geringer Nutzeranzahl kann eine punktuelle beziehungsweise in die kommunikativen Wohnfunktionen integrierte Erschließung sinnvoll und ökonomisch sein. Bei Wohnungen mit mehreren Bewohnern und damit unterschiedlichen Bedürfnissen gilt es darauf zu achten, dass die Erschließung der privateren Wohnbereiche (Individualräume) auch möglich ist, ohne die kommunikativen Wohnbereiche zu durchqueren. In der historischen Entwicklung ist vor allen Dingen die Diele als Erschließungselement im Wohnungsbau wiederzufinden. Diese Widmung eines eigenständigen und wichtigen Raumes weist auf die repräsentative Bedeutung hin. Im Zuge des Massenwohnungsbaus der Nachkriegszeit, der unter enormem wirtschaftlichem Druck stattfand, ist dieser repräsentative Charakter in den Hintergrund getreten. Statt dessen wurde die Erschließung häufig auf einen knapp dimensionierten Flur reduziert.

Bei der Wohnsiedlung in Riehen realisierte Michael Alder unter anderem langgestreckte Geschosswohnungen [081], die den klassischen Flurtyp repräsentieren.

Entlang des gut belichteten Flurs reihen sich die Individualräume und münden in den großzügigen kommunikativen Bereich, der durch einen ebenso großzügigen Balkon ergänzt wird.

Bei den Stadtvillen von Kollhoff & Timmermann [082] im Malchower Weg in Berlin wurde das klassische Thema der Diele als Erschließungsform wieder aufgegriffen. Eine ungestörte Zuwegung der kommunikativen und individuellen Wohnbereiche ist gewährleistet. Die Diele bietet gleichzeitig ausreichend Abstellmöglichkeiten.

Bei Alvar Aaltos Projekt für die IBA '57 in Berlin [083] wird die Erschließung zum eigentlichen Thema der Wohnung. Der kommunikative Zentralraum dient gleichzeitig als Verteiler. Untergeordnete Nebenflure ermöglichen eine unabhängige Erschließung der Individualbereiche.

Beim Wohnhaus in der Forsterstraße in Zürich [084] von Christian Kerez wird das Thema der Erschließung in besonderer Weise inszeniert. Ähnlich wie bei vielen Entwürfen von Mies van der Rohe wird der offene Grundriss lediglich durch Wandscheiben gegliedert. Die Erschließung der einzelnen Wohnbereiche erfolgt unmittelbar über die anderen Wohnfunktionen. Ein Prinzip, das aufgrund der dadurch entstehenden Störungen jedoch nur für eine geringe Nutzeranzahl sinnvoll erscheint.

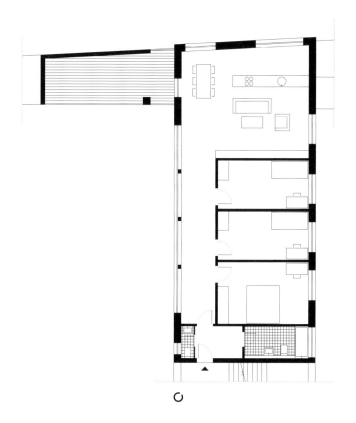

[081]

Michael Alder
Friedhofweg
Riehen (CH)

Wohnfläche
112,5 m²

Außenraum
18,7 m²

Individualräume
3

Orientierung
III

Grundriss

[082]

Kollhoff & Timmermann
Architekten
Malchower Weg
Berlin (DE)

Wohnfläche
67,6 m²

Außenraum
6,6 m²

Individualräume
1

Orientierung
III

[083]

Alvar Aalto
Klopstockstraße
Berlin (DE)

Wohnfläche
83,8 m²

Außenraum
10,0 m²

Individualräume
3

Orientierung
II

Grundriss

[084]

Christian Kerez
Forsterstraße
Zürich (CH)

Wohnfläche
186,0 m²

Außenraum
113,9 m²

Individualräume
3

Orientierung
IV

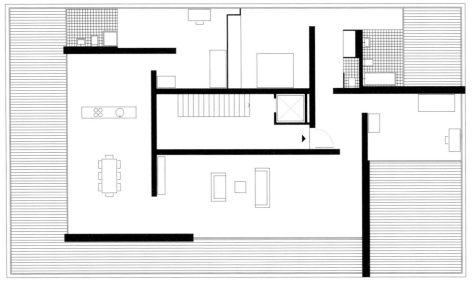

Vertikale Erschließung

Die vertikale Erschließung dient der Verbindung mehrerer Wohnebenen und kann verschieden ausgeprägt sein. Im Allgemeinen werden die einzelnen Ebenen über eine Treppe miteinander verbunden. Zwei grundsätzliche Dispositionen der Treppe im Grundriss sind möglich. Am häufigsten ist eine zentrale Lage im geringer belichteten Teil der Wohnung; seltener ist die Positionierung an den Außenwänden. Eine Ausnahme bilden nord-süd-orientierte Grundrisse, bei denen die Nordseite häufig relativ geschlossen ausgeführt wird. Neben der Lage im Grundriss entscheidet vor allem die Geometrie der Treppe über ihre Bedeutung im Grundriss. Neben verschiedenen freien Formen kann man grundsätzlich zwischen einläufigen, zweiläufigen und dreiläufigen Treppen differenzieren. Unabhängig von der Geometrie kann die Treppe in die Wohnfunktionen integriert sein oder als davon unabhängiges Element gestaltet werden. Gestalterisch bieten sich zwei Strategien an: Die erste versucht die Treppe als Bestandteil der Gebäudestruktur zu betrachten, die zweite erklärt die Treppe zum eigenständigen, möbelartig in den Grundriss eingestellten Objekt. Bei der Staffelung der Wohnung in Form zueinander versetzter Ebenen (Split-Level) wird die Integration der Treppe im Raum besonders deutlich. Eine Ausnahme bildet die Erschließung über Rampen, die entweder zur Inszenierung des Themas oder aus Gründen der Barrierefreiheit Berücksichtigung findet. Die Kombination verschiedener Treppentypologien in einem Grundriss führt häufig zu einem enormen Flächenverbrauch und ist nur unter bewusster Verwendung sinnvoll. Die Erschließung über wohnungsinterne Aufzüge ist relativ selten zu finden, wird jedoch im Zusammenhang mit der Renaissance der städtischen Reihenhäuser und damit der Vielgeschossigkeit von Wohnungen wieder diskutiert.

Beim Reihenhausprojekt in Darmstadt [085] wird das dreigeschossige Gebäude durch eine quergestellte Treppe erschlossen. Die Gebäudebreite ergibt sich aus der Lauflänge, dem Antritt und dem Austritt.

Die zweiläufige Treppe eignet sich dahingegen für kompakte und schmale Grundrisse in besonderer Weise wie beim Projekt [086].

Die dreiläufige Treppe bei den Doppelwohnhäusern von dmsw [087] spannt die Mittelzone zur Diele auf und wird durch ein Oberlicht zusätzlich in Szene gesetzt.

Eine effiziente Erschließung kann über eine Kaskadentreppe ereicht werden, wie zum Beispiel beim Projekt [088] von Rijnvos Voorwinde Architecten.

Bei einer Split-Level-Erschließung werden die Wohngeschosse räumlich stärker miteinander verbunden. Die Treppe wird wie beim Projekt [089] zum räumlichen Bestandteil.

Grundriss

Zimmermann Leber
Feilberg Architekten
Herta-Mansbacher-Straße
Darmstadt (DE)

Wohnfläche
122,0 m²

Außenraum
29,5 m²

Individualräume
4

Orientierung
II

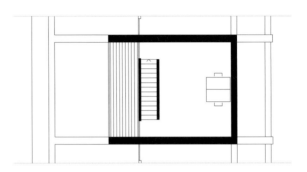

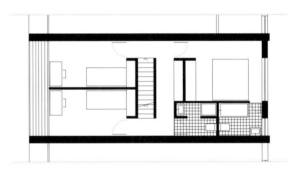

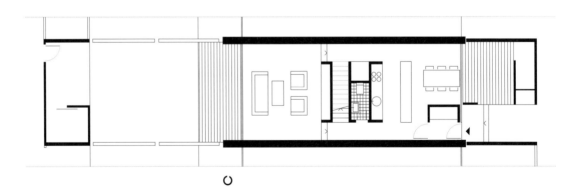

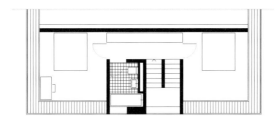

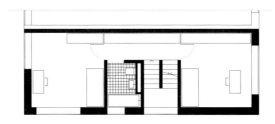

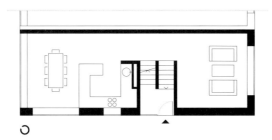

[086]

Straub Beutin Architekten
Kreutzerweg
Berlin (DE)

Wohnfläche
124,1 m²

Außenraum
8,81 m²

Individualräume
4

Orientierung
III

Grundriss

[087]

dmsw Architekten
Albertinenstraße
Berlin (DE)

Wohnfläche
154,9 m²

Außenraum
53,1 m²

Individualräume
5

Orientierung
III

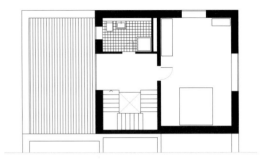

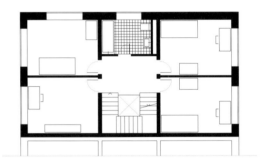

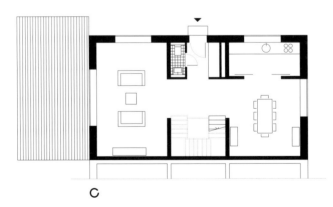

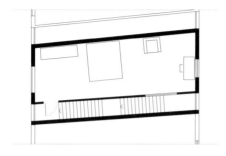

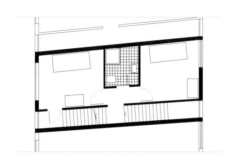

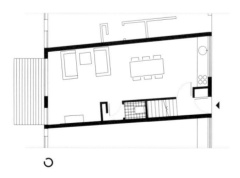

[088]

Rijnvos Voorwinde
Architecten
Voltstraat
Tilburg (NL)

Wohnfläche
85,4 m²

Außenraum
5,8 m²

Individualräume
3

Orientierung
II

Grundriss

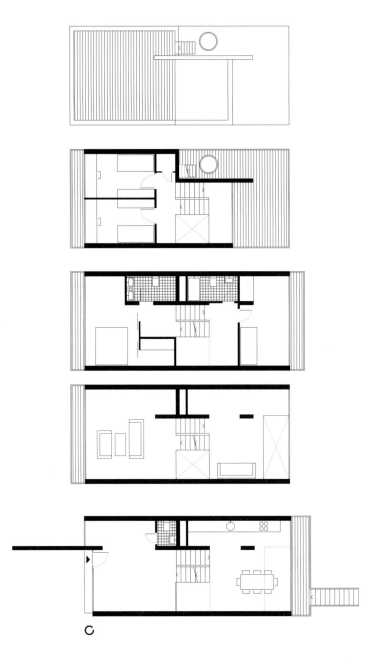

[089]

Scheuring und Partner
Lohrbergstraße
Köln (DE)

Wohnfläche
220,0 m²

Außenraum
67,0 m²

Individualräume
4

Orientierung
II

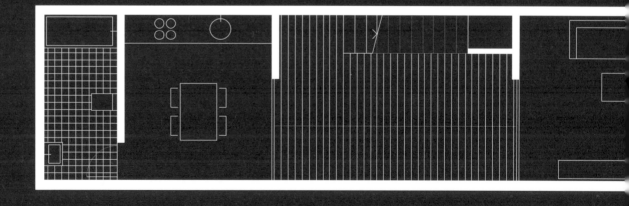

Einleitung

Die Entwicklung des Wohnungsbaus ist eng verknüpft mit der Frage nach dem notwendigen Maß des umgebenden Außenraums. Dabei geht es zum einen um die großmaßstäbliche, städtebauliche Dimension und zum anderen um den privaten Außenraum als unmittelbaren Bestandteil der Wohnung. Historisch betrachtet entwickelte sich die Thematik aus einer städtebaulichen Grundsatzdiskussion über das richtige Verhältnis von Landschaft zur Stadt. So plädierte beispielsweise Frank Lloyd Wright in seinem Buch „Broadacre City" für eine offene Besiedelung der USA, bei der jedem Wohngebäude eine Fläche von einem „acre" (ca. 4000 m²) zur Selbstversorgung zur Verfügung stehen sollte. Die gegenteilige Situation im Berlin der Gründerzeit mit Wohnblockstrukturen in extremer Dichte führte zu Reformansätzen, die in der Gartenstadtbewegung oder den städtebaulichen Visionen Le Corbusiers mit punktuellen Verdichtungen innerhalb großzügiger Parkanlagen ihren Ausdruck fanden. Während bei der Gartenstadt noch die Nutzung des Gartens zur Selbstversorgung im Vordergrund stand, hat sich der private Außenraum heute zu einer reinen zusätzlichen Wohnfunktion entwickelt. Die Vernachlässigung der Stadt als Wohnstandort in den letzten Jahrzehnten steht in engem Zusammenhang mit dem Angebot an qualitätsvollem privaten Außenraum. So schienen für viele zunächst nur die suburbanen Agglomerationen von Einfamilienhäusern den Bedarf nach ausreichend Außenraum zu befriedigen. Durch die vielerorts extrem schlechte städtebauliche Planung dieser Gebiete wurde jedoch selten die notwendige Privatheit erreicht, so dass gekoppelt mit anderen positiven Faktoren die urbanen Standorte derzeit eine Renaissance erfahren. Dies ist jedoch nur möglich, wenn sowohl im Bestand als auch im Neubau ein qualitätsvolles Angebot an privatem Außenraum zur Verfügung gestellt wird. Damit entwickelt sich die eigentlich zusätzliche Funktion zu einer der zentralen Fragen des Wohnungsbaus. So wird auch im Entwurf der private Außenraum zu einem der zentralen Entwurfsgeneratoren, zumal er einen wesentlichen Einfluss auf die plastische Erscheinung des Gesamtgebäudes hat. Aus der Feststellung, dass auch bei der Sanierung des Gebäudebestands die Ergänzung beziehungsweise Erweiterung des privaten Außenraums eine wesentliche Aufgabenstellung ist, um eine weitere Vermietbarkeit zu gewährleisten, lässt sich die These aufstellen, dass ein Wohnungsbauentwurf ohne die Berücksichtigung dieser Thematik durchaus als unbrauchbar eingestuft werden muss. Diese Aussage gilt auch für Außenräume, bei denen eine vernünftige Möblierbarkeit nicht gewährleistet ist. Eine grundsätzliche Kategorisierung soll über den Nutzungscharakter in extrovertierte und introvertierte Außenräume erfolgen. Wie häufig gibt es dabei eine Schnittmenge, die Aspekte von beiden Kategorien beinhaltet.

Grundriss

Extrovertierter Außenraum

In unseren Breiten wird der private Außenraum in den häufigsten Fällen extrovertiert angeordnet. Dies entsteht aus dem unmittelbaren Bedarf nach einer optimalen Besonnung. Grundsätzlich stehen drei Typen von privaten Außenräumen zur Verfügung. Der aus dem Einfamilienhaus abgeleitete unmittelbare Bezug zum Garten und seine meist als Terrasse ausgeprägte bauliche Erscheinung ist gewissermaßen der Urtyp des privaten Außenraums. Aus der Typologie des Geschosswohnungsbaus bildet sich eine weitere Gruppe von Außenräumen, die als Balkone und Loggien in unterschiedlichsten Formen ausgeprägt sind. Die letzte Gruppe bilden die Dachterrassen, die ähnliche Qualitäten wie Gartenterrassen aufweisen und durch die Entdeckung des Flachdachs als nutzbare Fläche insbesondere durch Le Corbusier gefördert wurden. Neben dieser baulichen Ausprägung spielt im städtischen Kontext die Orientierung eine weitere Rolle. Dabei ist in erster Linie nicht die Himmelsrichtung, sondern das Verhältnis zum öffentlichen Raum gemeint. In den häufigsten Fällen orientieren sich die privaten Außenräume zur ruhigeren Innenseite und wenden sich damit von der Stadt ab. Zentrales Thema beim extrovertierten Außenraum ist jedoch die Gewährleistung einer maximalen, der Wohnung entsprechenden Privatheit. Beispiele, die das Element des Außenraums ausschließlich bauplastisch einsetzen, vernachlässigen diesen Aspekt häufig.

Bei dem Projekt im Kapellenweg von Baumschlager Eberle [090] wurde der private Außenraum als Loggia an der Gebäudeecke platziert. Das Fassadenthema wird zugunsten eines einheitlichen Erscheinungsbilds weitergeführt. Die Dimension der Loggia entwickelt sich klar aus der Grundrissstruktur.

Beim Wohnhaus in der Choriner Straße in Berlin von Popp Planungen [091] wurden die beiden Belichtungsseiten vollständig verglast. Der private Außenraum entwickelt sich entsprechend über die gesamte Gebäudebreite. Die geringe Tiefe der Balkonschicht wird durch eine niveaugleiche Ebene im Inneren kompensiert.

Das turmartige Gebäude in der Kanzleistraße in Zürich [092] wird durch eine besondere Wohnung im Dachgeschoss abgeschlossen. Zwei großzügige Dachterrassen jeweils zur Stadt und zur Blockinnenseite werden zum gestaltprägenden Merkmal des Grundrisses.

Eine besondere Form von privatem Außenraum wurde bei dem Züricher Projekt in der Sihlamtstraße [093] realisiert. Hier wurde eine großzügige Terrasse der Wohnung als Eingangssituation vorgelagert. Die Privatheit wird durch das dazwischenliegende Treppenhaus gewährleistet.

[090]

Baumschlager Eberle
Kapellenweg
Feldkirch (AT)

Wohnfläche
80,6 m²

Außenraum
8,0 m²

Individualräume
2

Orientierung
II

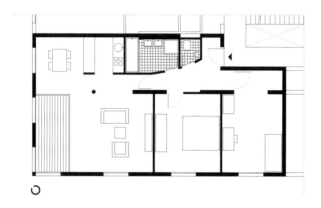

Grundriss

[091]

Popp Planungen
Choriner Straße
Berlin (DE)

Wohnfläche
74,4 m²

Außenraum
16,5 m²

Individualräume
1

Orientierung
II

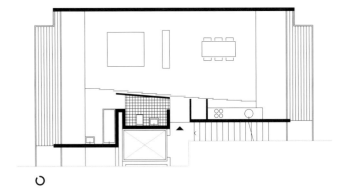

[092]

Hauenstein, La Roche,
Schedler Architekten
Kanzleistraße
Zürich (CH)

Wohnfläche
90,6 m²

Außenraum
36,2 m²

Individualräume
2

Orientierung
III

Grundriss

[093]

Martin Spühler mit David
Munz und Bruno Senn
Sihlamtstraße
Zürich (CH)

Wohnfläche
96,9 m²

Außenraum
38,7 m²

Individualräume
3

Orientierung
III

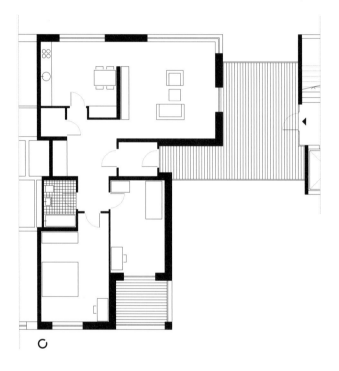

Introvertierter Außenraum

Private Außenräume, die innerhalb der Wohnung oder des Gebäudes integriert sind, wie beispielsweise bei Hof- und Atriumhäusern oder Patiowohnungen, bezeichnet man als introvertierte Außenräume. Diese Ausprägung ist vor allen Dingen im Mittelmeerraum vorzufinden, wo nicht die unmittelbare Besonnung im Vordergrund steht, sondern der private Außenraum als verschatteter Bereich auch zur Klimatisierung und Belüftung beitragen soll. In unseren Breiten resultiert die Introvertiertheit aus dem Wunsch nach der vollständigen Privatheit des Außenraums. Gerade in städtischen Ballungsräumen mit hoher Dichte und entsprechenden Emissionen kann die extrovertierte Disposition unbefriedigend sein und eine introvertierte Konzeption eine spannungsvolle Alternative für die Entwurfskonzeption darstellen. Bei städtebaulichen Konzeptionen mit hoher Dichte und niedriger Geschossigkeit hat dieser Typ von Außenraum eine hohe Verbreitung. Die meist L-förmige Anordnung der Gebäude bildet dabei automatisch den Außenraum aus. Bei höheren Gebäuden ist diese Art von Außenraum nur im Dachgeschoss beziehungsweise bei Maisonettewohnungen maximal in den beiden obersten Geschossen sinnvoll.

Viele der Siedlungsentwürfe von Roland Rainer setzten sich mit dem Thema der absoluten Privatheit durch einen introvertierten Außenraum auseinander. Auch bei dem Großsiedlungsprojekt in Puchenau [094] findet das Prinzip Verwendung. Nur wenige Belüftungsfenster richten sich nach außen. Großzügige Glasflächen öffnen sich um den Innenhof.

Josep Lluis Mateo entwickelte für sein Amsterdamer Projekt [095] einen zweigeschossigen Patio, der die einseitige Orientierung des Gebäudes und die damit schwierigen Belichtungsvrhältnisse kompensieren sollte. Als Bodenbelag des Patios verwendete er Glasbausteine, um das darunterliegende kommunikative Geschoss ausreichend zu belichten.

Eine extreme Haltung zur Stadt entwickelte Tadao Ando bei seinem städtischen Reihenhaus in Osaka [096]. Eine bis auf den Eingang fensterlose Fassade präsentiert sich zur Stadt. Sämtliche Öffnungen orientieren sich zum Innenhof. Dabei wird der private Außenraum gleichzeitig als Erschließung genutzt, das heißt die einzelnen Räume können nur über diesen offenen Zwischenraum betreten werden. Diese radikale Haltung ist das Resultat aus der extremen Dichte der Stadt und wird als bewusster Kontrast eingesetzt.

Grundriss

[094]

Roland Rainer
Mittelpromenade
Puchenau (AT)

Wohnfläche
135,0 m²

Außenraum
50,4 m²

Individualräume
4

Orientierung
I, Innenhof

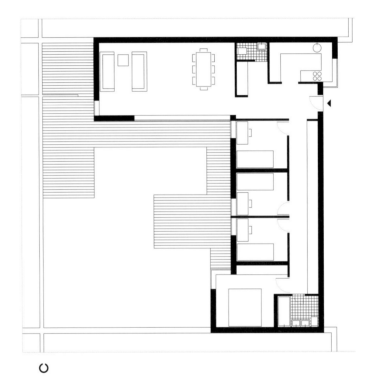

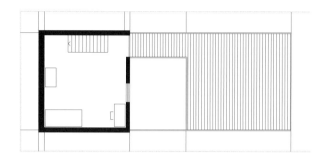

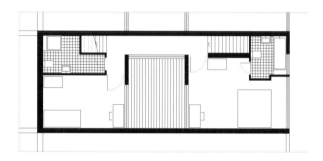

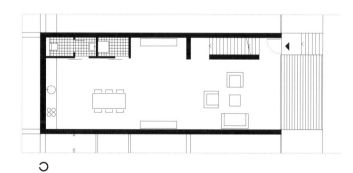

[095]

Josep Lluis Mateo
Borneokade
Amsterdam (NL)

Wohnfläche
128,7 m²

Außenraum
43,7 m²

Individualräume
3

Orientierung
I, Patio

Grundriss

Wohnfläche
68,5 m²

Außenraum
15,7 m²

Individualräume
2

Orientierung
Patio

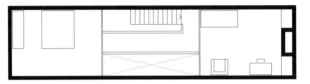

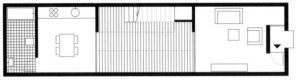

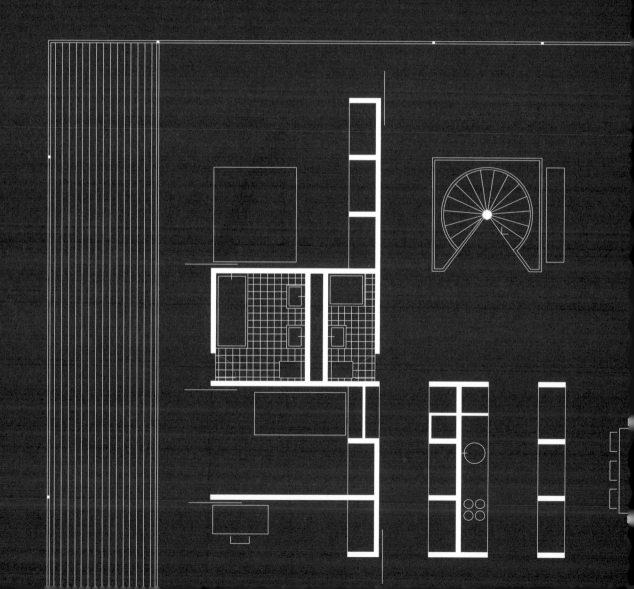

Einleitung

Die konstruktive und gebäudetechnische Logik eines Wohnungsentwurfs ist ein wesentlicher Aspekt. Zunächst könnte man davon ausgehen, dass dieser Parameter aus den Überlegungen für das Gesamtgebäude und weniger aus der einzelnen Wohnung resultiert, jedoch wird schnell die Abhängigkeit zum Grundriss klar. Auch wenn im Wohnungsbau die Rasterfrage keine so große Rolle spielt wie bei der Entwicklung von Bürogebäuden, so gibt es doch eine Vielzahl von Abhängigkeiten, die im Wohnungsbau für das Konstruktionssystem maßgebend sind. Gerade in größeren, hybriden Gebäuden mit vielfältigen Wohnungstypen, zusätzlicher gewerblicher Nutzung und einer Tiefgarage wird dieser Aspekt deutlich. Dabei gibt es Parameter, die eine gewisse Flexibilität aufweisen, wie zum Beispiel die Raumdimensionen innerhalb der Wohnung, und andere, die nur geringe Toleranzen gestatten, wie zum Beispiel die wirtschaftliche Anordnung der PKW-Stellplätze. Die Baustoffqualitäten und Konstruktionsweisen sind heutzutage so weit entwickelt, dass auf den ersten Blick auch eine konstruktiv unabhängige, auf die einzelnen Nutzungsbereiche optimierte Planung möglich erscheint und die Notwendigkeit zur Koordinierung der einzelnen maßlichen Anforderungen in den Hintergrund tritt. Dies führt trotz prinzipieller Machbarkeit jedoch im Allgemeinen zu äußerst unwirtschaftlichen Ergebnissen, da gerade die Gebäudestruktur, also der Rohbau, einen enormen Kostenanteil am Gesamtprojekt ausmacht. Die sorgfältige Analyse der einzelnen Anforderungen ist daher die Grundlage für die Entwicklung von Koordinationsschemata, die die technischen und konstruktiven Anforderungen möglichst synergetisch zu einem optimierten Gebäudeentwurf führen. Neben der konzeptionellen Optimierung ist eine frühzeitige Auseinandersetzung mit den zu verwendenden Bausystemen und Baustoffen unumgänglich. Am Markt existieren zahlreiche Produkte, die einerseits den geforderten Standards genügen, andererseits jedoch eigene konstruktive Abhängigkeiten produzieren. Beispiel hierfür sind eine Vielzahl von Fertigteilen und Baustoffen mit eigenen Maßabhängigkeiten oder sogar eigenen Modulordnungen wie zum Beispiel beim Mauerwerk. Eine davon unabhängige Planung ist prinzipiell möglich, führt jedoch zu einer unwirtschaftlichen Ausnutzung des Materials und hohem Anpassungs- und damit Zeit- und Kostenaufwand. Ein weiterer Anspruch, wenn nicht sogar der wesentliche, ist der materialgerechte Entwurf. Vieles ist grundsätzlich machbar, aber die logischen Abhängigkeiten und Möglichkeiten des jeweiligen Materials zu nutzen, erscheint als wichtige Voraussetzung für den gelungenen Entwurf. Dass die Entwurfskonzeption maßgeblich von diesen Parametern beeinflusst werden kann, soll anhand von konstruktiven beziehungsweise gebäudetechnisch optimierten Grundrissen dargestellt werden.

Grundriss

Baukonstruktion

Einer der wichtigsten baukonstruktiven Parameter ist die wirtschaftliche Dimensionierung der Deckenkonstruktion. Weitgehend unabhängig von der gewählten Bauweise liegen die wirtschaftlichen Spannweiten bei circa 6 m. Dies hat unmittelbaren Einfluss auf die Grundrissgestaltung. Die Tragrichtung der Decke ist bei additiven Bauweisen, wie zum Beispiel dem Holzbau, oder Fertigteilkonstruktionen in diesem Zusammenhang ein weiterer wichtiger Parameter. Aus konstruktiver Sicht sollten eventuelle Treppen der Tragrichtung folgen, um wirtschaftliche Ergebnisse zu erzielen. Bei Betonkonstruktionen besteht über mögliche komplexe Bewehrungsstrukturen eine geringere Einschränkung. Städtische Gebäude weisen häufig eine zweiseitige Orientierung auf, so dass die Lastabtragung meist entlang der unbelichteten Wohnungstrennwände erfolgt. Die Fassade trägt zunächst nur sich selbst beziehungsweise wird zur Aussteifung des Gebäudes herangezogen und kann nach Belichtungs- und Gestaltungszwecken frei entworfen werden. Dieses Prinzip hat sich zum Beispiel im holländischen Wohnungsbau als Standard etabliert. Über vorgefertigte Tunnelschalungselemente sind dort Raumbreite und Höhe weitgehend vorbestimmt und schränken damit den entwerferischen Handlungsspielraum deutlich ein. Der Entwurf der nichttragenden Bauteile ist unter Berücksichtigung der Qualitätsstandards (insbesondere Schallschutz) weitgehend frei.

Die Immeuble Clarté in Genf von Le Corbusier [097] ist eines von vielen Projekten, bei denen er die Möglichkeiten seines „plan libre"-Konzepts untersucht. Die Grundkonstruktion des Gebäudes besteht aus einem Skelettbau. Der Grundriss reagiert teilweise auf das Stützenraster und spielt sich gleichzeitig in anderen Bereichen bewusst frei.

Das Projekt [098] von Diener & Diener basiert konstruktiv auf der typischen holländischen Tunnelschalbauweise und erhebt diese gleichzeitig zum Thema des Entwurfs. Trotz eines quadratischen Baukörpers folgen die tragenden Wände ausschließlich einer Richtung. Die Grundrissgestaltung ordnet sich diesem Prinzip unter.

Fritz Haller, vor allen Dingen bekannt durch sein Regalsystem USM, versuchte in unterschiedlichsten Gebäudedimensionen konstruktiv vollständig durchentwickelte Bausysteme zu etablieren. Bei dem Wohnhaus Schärer [099] wurde das Stahlbausystem „Mini" verwendet. Klare, koordinierende Rasterstrukturen definieren die mögliche Lage der raumteilenden Elemente.

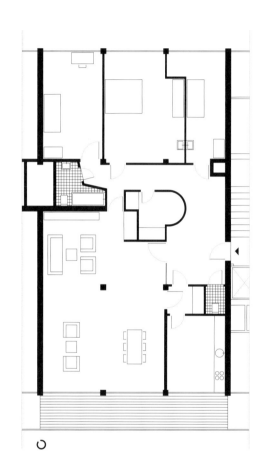

[097]

Le Corbusier
Rue Saint-Laurent
Genf (CH)

Wohnfläche
197,6 m²

Außenraum
19,3 m²

Individualräume
3

Orientierung
II

Grundriss

Diener & Diener
KNSM Laan
Amsterdam (NL)

Wohnfläche
102,0 m²

Außenraum
10,0 m²

Individualräume
2

Orientierung
II

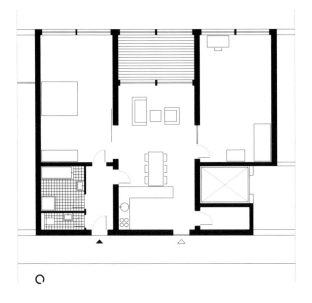

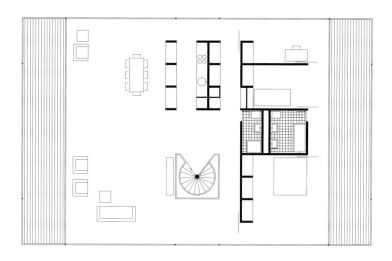

[099]

Fritz Haller
Buchliweg
Münsingen (CH)

Wohnfläche
173,4 m²

Außenraum
56,2 m²

Individualräume
3

Orientierung
IV

Grundriss

Gebäudetechnik

Selbst der absolute Laie weiß, dass es sinnvoll ist, die Räume mit besonderen Anforderungen an die Gebäudetechnik sowohl in der Vertikalen als auch Horizontalen zu bündeln und über einen gemeinsamen Schacht die Ver- und Entsorgung zu gewährleisten. Die Praxis zeigt jedoch, dass ohne erkennbaren Grund von diesem Prinzip abgewichen wird und Sonderlösungen gefunden werden müssen. Ähnlich der Konstruktion gilt, dass vieles machbar, aber nur wenige Lösungen ökonomisch und technisch sinnvoll sind. Einen wesentlichen Ansatzpunkt zum Umgang mit der Gebäudetechnik im Entwurfsprozess liefert die Vergegenwärtigung der Dimensionen der einzelnen Medien. Je größer die gebäudetechnischen Bauteile sind, desto sorgfältiger sollte die Abhängigkeit zu anderen Räumen und Bereichen im Grundriss studiert werden. Die größten Querschnitte nehmen dabei luftführende Bauteile ein, die gerade im Zuge der energetischen Optimierung von Gebäuden zunehmend eingesetzt werden. Die nächste Kategorie bilden die Bauteile zur Abwasserentsorgung, gefolgt von der Wasserversorgung. Die Elektroversorgung nimmt aufgrund der geringen Querschnitte nur wenig Einfluss auf die Grundrissgestaltung, wobei auch hier ökonomische Lösungen vorzuziehen sind. Für den qualitativen Entwurf ist es wesentlich, die gebäudetechnischen Lösungsansätze, insbesondere die Lage der vertikalen Schächte, frühzeitig zu betrachten und zu integrieren.

Die Positionierung der Gebäudetechnik ist dabei nicht nur für den ursprünglichen Grundrissentwurf interessant, sondern sollte perspektivisch veränderten Nutzungsbedürfnissen Rechnung tragen beziehungsweise bei größeren Wohngebäuden eine Grundrissvielfalt ermöglichen.

Beim Wohnhaus von Helmut Wimmer [100] wird die Gebäudetechnik auf einen zentralen Kern konzentriert. Sämtliche Medien wie Wasser, Abwasser und Strom sind auf den Kernbereich konzentriert. Die umgebenden Räume beinhalten keine weitere technische Ausstattung.

Beim sozialen Wohnungsbau von Jean Nouvel [101] wurde die Lage des Schachts für die Haustechnik präzise gesetzt, um unterschiedliche Grundrisskonfigurationen zuzulassen und über den gleichen Schacht ver- und entsorgen zu können. Im dargestellten Grundriss wird auf der Erdgeschossebene eine Box platziert, im darüberliegenden Geschoss hingegen ein „konventioneller" Grundriss mit außenliegendem Bad entwickelt.

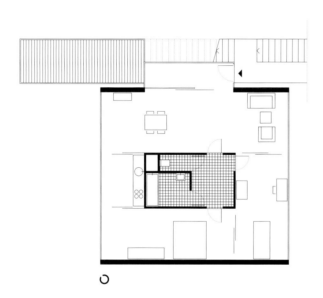

[100]

Helmut Wimmar
Kanalstraße
Wien (AT)

Wohnfläche
90,2 m²

Außenraum
15,4 m²

Individualräume
2

Orientierung
III

Grundriss

[101]

Jean Nouvel
Avenue de General
Nimes (FR)

Wohnfläche
108,0 m²

Außenraum
11,5 m²

Individualräume
3

Orientierung
III

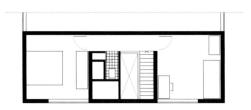

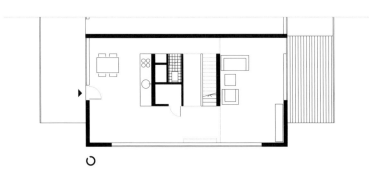

Die Überführung der aus der Grundrissarbeit gewonnen Erkenntnisse in die Komplexität des Gesamtprojekts ist eine der wesentlichen Hürden im Entwurfsprozess. Die entwickelte Grundrisskonzeption muss den zahlreichen weiteren Einflussgrößen angepasst werden, ohne die ursprüngliche Idee zu gefährden. Die umgekehrte und als „klassisch" zu bezeichnende Methodik der Annäherung im Entwurfsprozess über den städtebaulichen Maßstab bis hin zum Detail erscheint uns aus der praktischen Lehrerfahrung gerade bei wenig geübten Entwerfern für die Entwicklung qualitätsvoller Wohnungsbauarchitektur weniger geeignet. Häufig sieht der Studierende sich dann mit der gefundenen Bauform mit einer Situation konfrontiert, bei der es ähnlich wie beim Altbau gilt, nachträglich adäquate Grundrisse einzufügen. Eine parallele Entwicklung beider Entwurfsstrategien würde bei entsprechender Erfahrung und Zeit den größten Erfolg versprechen. Dieser letzte Buchteil versucht eine Brücke zwischen beiden Ansätzen zu schlagen.

Aus dem Ansatz, das Gebäude aus der Perspektive der Wohnung zu entwerfen, liefert dieses Kapitel erste Informationen für den Folgeschritt, der Konfiguration des Gebäudes. Im Sinne eines „Packschemas" kann die räumliche Anordnung der einzelnen Wohneinheiten nachvollzogen werden. Unmittelbar mit dieser Frage verknüpft ist die Erschließungsform des Gebäudes. Auch

hier liefert dieses Kapitel einen reichhaltigen Fundus an Beispielen, die eine Beurteilung der Effizienz der einzelnen Systeme zulässt. Aus dem beschriebenen „klassischen" Ansatz kann dieses Kapitel jedoch ebenfalls betrachtet werden und katalogartig das Spektrum städtebaulicher Lösungen aufzeigen.

Entsprechend der Reihenfolge ihres Erscheinens im Kapitel „Grundriss" werden in diesem Kapitel die Grundrisse in ihren Gesamtzusammenhang gestellt. Sämtliche 101 Projekte wurden zeichnerisch in Grundriss und Schnitt im Maßstab 1:500 nach einheitlichen grafischen Standards neu aufgearbeitet. Dargestellt ist jeweils das Eingangsgeschoss der betrachteten Wohnungen, die farbig markiert wurden. Bei Grundrisskonfigurationen, die mit dem Gebäude identisch sind, zum Beispiel bei Einfamilienhäusern, wurde auf diese Markierung verzichtet. Die seitliche Spalte gibt Aufschluss über die wichtigsten Projektkenndaten und wurde um eine städtebauliche, genordete Vignette im Maßstab 1:10.000 ergänzt, die eine Vorstellung von der baulichen Dichte des Kontexts liefern soll. Die dunkle Gebäudemarkierung gibt den gewählten Grundrissausschnitt im Maßstab 1:500 an, die helle Markierung kennzeichnet das Gesamtprojekt. Der angegebene Erschließungstyp bezieht sich auf die betrachtete Wohnung. Die beigefügten Schnitte sind als Systemschnitt zu verstehen.

Projekte

[001] Morger & Degelo
Klybeckstraße, Basel (CH)

[002] pfeifer roser kuhn architekten
Runzmattenweg, Freiburg (DE)

[003] Diener & Diener
Riehenring, Basel (CH)

[004] Gigon/Guyer Architekten
Im Broelberg, Kilchberg (CH)

[005] Hans Kollhoff, Christian Rapp
Levantkade, Amsterdam (NL)

[006] Shigeru Ban
Lake Yamanaka, Yamanashi (JP)

[007] Buchner Bründler Architekten
Colmarerstraße, Basel (CH)

[008] Michael Alder
Hinter den Gärten, Itingen (CH)

[009] Antonio Cruz
Calle Doña Maria Coronel, Sevilla (ES)

[010] Luigi Snozzi
Vicolo della Zotta, Brione-Minusio (CH)

[011] Beda Dillier
Kirchstraße, Sarnen (CH)

[012] Petra und Paul Kahlfeldt
Max-Eyth-Straße, Berlin (DE)

[013] Geurst & Schulze architecten
Bilderdijkstraat, Den Haag (NL)

[014] Bearth & Deplazes Architekten
Fanas (CH)

[015] Christian Kerez
Burenweg, Zürich (CH)

[016] Lederer + Ragnarsdóttir + Oei
Besigheimer Straße, Stuttgart (DE)

[017] Werner Wirsing
Connollystraße, München (DE)

[018] Steidle + Partner
Hans-Dürrmeier-Weg, München (DE)

[019] Egon Eiermann
Bartningallee, Berlin (DE)

[020] Kuhn Fischer Partner Architekten
Widenstraße, Oberwil-Zug (CH)

[021] Baumschlager Eberle
Mozartstraße, Dornbirn (AT)

[022] Brendeland & Kristoffersen Arkitekter
Strandveien, Trondheim (NO)

[023] Könz Molo und Barchi Architekten
Via Agostino Maspoli, Mendriso (CH)

[024] Haack + Höpfner und Horden Cherry Lee
Grasmeierstraße, München (DE)

[025] Johannes Kaufmann
mobiler Standort

[026] Beyer + Dier Architekten
K.-Rupprecht-Straße, Ingolstadt (DE)

[027] Fink + Jocher
Oheriedentrift, Hannover (DE)

[028] Miller & Maranta
Gellertstraße, Basel (CH)

[029] burkhalter sumi architekten
Wehrenbachhalde, Zürich (CH)

[030] Allmann Sattler Wappner Architekten
G.-Kerschensteiner-Str., München (DE)

[031] Beyer - Schubert Architekten
A.-und-H.-Hirsch-Ring, Berlin (DE)

[032] Baumschlager Eberle
Waldburgstraße, Nüziders (AT)

[033] Hasler Schlatter Partner
Trichtenhausenstraße, Zürich (CH)

[034] Helmut Wimmer
Grieshofgasse, Wien (AT)

[035] Michael Alder
Störzbachstraße, Stuttgart (DE)

[036] HPP Hentrich-Petschnigg Architekten
Pfeffingerstraße, Leipzig (DE)

[037] Walter Stamm-Teske,
Schettler & Wittenberg
Lessingstraße, Weimar (DE)

[038] ADP Architekten
Hellmutstraße, Zürich (CH)

[039] Michael Alder
Friedhofweg, Riehen (CH)

[040] Bauart Architekten und Planer
mobiler Standort

[041] Ryue Nishizawa
Ota Ku, Tokyo (JP)

[042] Xaveer de Geyter
Chassé Singel, Breda (NL)

[043] Daniele Marques
Dreilindenstraße, Luzern (CH)

[044] pool Architekten
Leimbachstraße, Zürich (CH)

[045] Thomas Müller Ivan Reimann
Reichenbachstraße, Dresden (DE)

[046] Norbert Post - Hartmut Welters
Architekten
Westender Weg, Herdecke (DE)

[047] Delugan Meissl Associated Architects
Wimbergergasse, Wien (AT)

[048] burkhalter sumi architekten
Burgmattstraße, Laufenburg (CH)

[049] Fink + Jocher
H.-Guggenmoser-Str., Weilheim (DE)

[050] Johannes Kaufmann
Brugg, Bezau (AT)

[051] Francis Soler
Cité Saint Chaumont, Paris (FR)

[052] Herzog & de Meuron
Hebelstraße, Basel (CH)

[053] Herzog & de Meuron
Schützenmattstraße, Basel (CH)

[054] Walter Stelzhammer
Ziedlergasse, Wien (AT)

[055] MVRDV
Bottgerwater, Den Haag (NL)

[056] Riegler Riewe
Bahnhofstraße, Graz (AT)

[057] BKK-3
Goldschlagstraße, Wien (AT)

[058] Bosch Architecten
Bezaanjachtplein, Amsterdam (NL)

[059] Joachim Wendt
Rückertstraße, Darmstadt (DE)

[060] Kazuyo Sejima
Kitagata, Gifu (JP)

[061] Theo Hotz
Buchgrindelstraße, Zürich (CH)

[062] Burkard Meyer Architekten
Martinsbergstraße, Baden (CH)

[063] Gigon/Guyer Architekten
Carmenstraße, Zürich (CH)

[064] A.D.P. Walter Ramseier
Hohlstraße, Zürich (CH)

[065] Ken Architekten
Vorsässstraße, Ennetmoos (CH)

[066] AV1 Architekten
Betzenberg, Kaierslautern (DE)

[067] Burkard Meyer Architekten
Mellingerstraße, Baden (CH)

[068] Peter Zumthor
Cadonaustraße, Chur (CH)

[069] Walter Stamm-Teske, AFF Architekten
Albrecht-Dürer-Straße, Weimar (DE)

[070] Fink + Jocher
Enzianstraße, Garching (DE)

[071] Shigeru Ban
Saitama, Kawagoe (JP)

[072] Adolf Krischanitz
Oskar-Simony-Straße, Wien (AT)

[073] Le Corbusier
Boulevard Michelet, Marseille (FR)

[074] Shigeru Ban
Izu, Shizuoka (JP)

[075] blauraum Architekten
Bogenallee, Hamburg (DE)

[076] Atelier 5
Brüggbühlstraße, Niederwangen (CH)

[077] Engelen Moore
Barcom Avenue, Sydney (AU)

[078] Rapp + Rapp
Centrum Ypenburg, Den Haag (NL)

[079] Max Dudler
Kirchgasse, Zürich (CH)

[080] [03 München
Nackstraße, Mainz (DE)

[081] Michael Alder
Friedhofweg, Riehen (CH)

[082] Kollhoff & Timmermann Architekten
Malchower Weg, Berlin (DE)

[083] Alvar Aalto
Klopstockstraße, Berlin (DE)

[084] Christian Kerez
Forsterstraße, Zürich (CH)

[085] Zimmermann Leber Feilberg
H.-Mansbacher-Str., Darmstadt (DE)

[086] Straub Beutin Architekten
Kreutzerweg, Berlin (DE)

[087] dmsw
Albertinenstraße, Berlin (DE)

[088] Rijnvos Voorwinde Architecten
Voltstraat, Tilburg (NL)

[089] Scheuring und Partner
Lohrbergstraße, Köln (DE)

[090] Baumschlager Eberle
Kapellenweg, Feldkirch (AT)

[091] Popp Planungen
Choriner Straße, Berlin (DE)

[092] Hauenstein, La Roche, Schedler
Kanzleistraße, Zürich (CH)

[093] Martin Spühler mit D. Munz & B. Senn
Sihlamtstraße, Zürich (CH)

[094] Roland Rainer
Mittelpromenade, Puchenau (AT)

[095] Josep Lluis Mateo
Borneokade, Amsterdam (NL)

[096] Tadao Ando
Osaka Bay Street, Osaka (JP)

[097] Le Corbusier
Rue Saint-Laurent, Genf (CH)

[098] Diener & Diener
KNSM Laan, Amsterdam (NL)

[099] Fritz Haller
Buchliweg, Münsingen (CH)

[100] Helmut Wimmer
Kanalstraße, Wien (AT)

[101] Jean Nouvel
Avenue de General, Nimes (FR)

Projekte

[001]

Morger & Degelo
Klybeckstraße
Basel (CH)

Fertigstellung
1996

Erschließungstyp
2-Spänner

Anzahl Geschosse
6

Anzahl Wohneinheiten
29

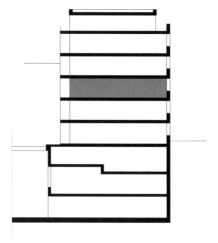

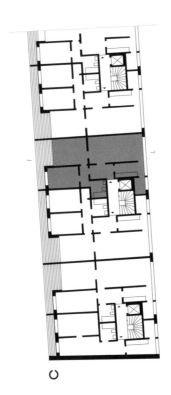

Lageplan, M 1:10 000
Schnitt, M 1:500
Grundriss, M 1:500

[002]

pfeifer roser kuhn
architekten
Runzmattenweg
Freiburg (DE)

Fertigstellung
2005

Erschließungstyp
3-Spänner

Anzahl Geschosse
5

Anzahl Wohneinheiten
14

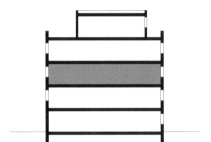

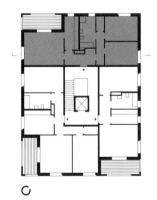

Lageplan, M 1:10 000
Schnitt, M 1:500
Grundriss, M 1:500

Projekte

[003]

Diener & Diener
Riehenring
Basel (CH)

Fertigstellung
1985

Erschließungstyp
2-Spänner

Anzahl Geschosse
5

Anzahl Wohneinheiten
74

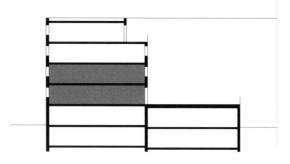

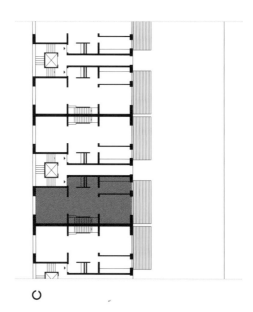

Lageplan, M 1:10 000
Schnitt, M 1:500
Grundriss, M 1:500

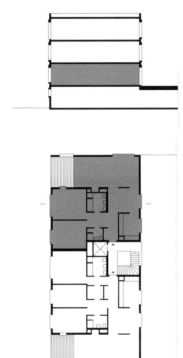

C

[004]

Gigon/Guyer Architekten
Im Broelberg
Kilchberg (CH)

Fertigstellung
1994

Erschließungstyp
2-Spänner

Anzahl Geschosse
3-4

Anzahl Wohneinheiten
14

Lageplan, M 1:10 000
Schnitt, M 1:500
Grundriss, M 1:500

Projekte

[005]

Hans Kollhoff,
Christian Rapp
Levantkade
Amsterdam (NL)

Fertigstellung
1994

Erschließungstyp
2-Spänner

Anzahl Geschosse
4-8

Anzahl Wohneinheiten
304

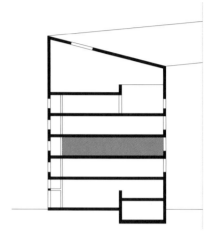

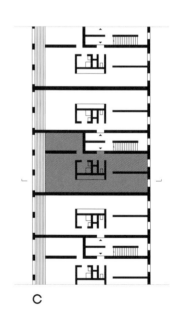

C

Lageplan, M 1:10 000
Schnitt, M 1:500
Grundriss, M 1:500

[006]

Shigeru Ban
Lake Yamanaka
Yamanashi (JP)

Fertigstellung
1995

Erschließungstyp
direkt

Anzahl Geschosse
1

Anzahl Wohneinheiten
1

Lageplan, M 1:10 000
Schnitt, M 1:500
Grundriss, M 1:500

Projekte

[007]

Buchner Bründler
Architekten
Colmarerstraße
Basel (CH)

Fertigstellung
2002

Erschließungstyp
direkt

Anzahl Geschosse
6

Anzahl Wohneinheiten
7

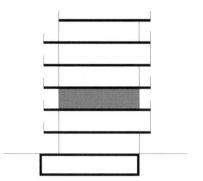

Lageplan, M 1:10 000
Schnitt, M 1:500
Grundriss, M 1:500

[008]

Michael Alder
Hinter den Gärten
Itingen (CH)

Fertigstellung
1984

Erschließungstyp
direkt

Anzahl Geschosse
3

Anzahl Wohneinheiten
1

Lageplan, M 1:10 000
Schnitt, M 1:500
Grundriss, M 1:500

Projekte

[009]

Antonio Cruz
Calle Doña Maria Coronel
Sevilla (ES)

Fertigstellung
1976

Erschließungstyp
2-Spänner

Anzahl Geschosse
4

Anzahl Wohneinheiten
12

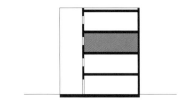

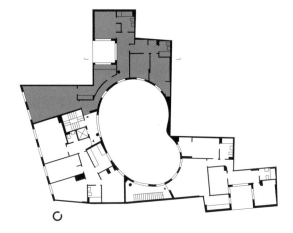

Lageplan, M 1:10 000
Schnitt, M 1:500
Grundriss, M 1:500

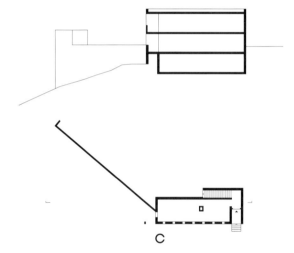

C

[010]

Luigi Snozzi
Vicolo della Zotta
Brione-Minusio (CH)

Fertigstellung
1975

Erschließungstyp
direkt

Anzahl Geschosse
3

Anzahl Wohneinheiten
1

Lageplan, M 1:10 000
Schnitt, M 1:500
Grundriss, M 1:500

Projekte

[011]

Beda Dillier
Kirchstraße
Sarnen (CH)

Fertigstellung
2004

Erschließungstyp
2-Spänner

Anzahl Geschosse
3

Anzahl Wohneinheiten
6

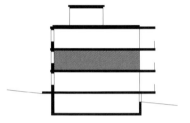

Lageplan, M 1:10 000
Schnitt, M 1:500
Grundriss, M 1:500

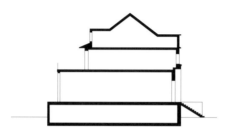

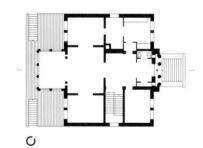

[012]

Petra und Paul Kahlfeldt
Max-Eyth-Straße
Berlin (DE)

Fertigstellung
1993

Erschließungstyp
direkt

Anzahl Geschosse
3

Anzahl Wohneinheiten
1

Lageplan, M 1:10 000
Schnitt, M 1:500
Grundriss, M 1:500

Projekte

[013]

Geurst & Schulze
architecten
Bilderdijkstraat
Den Haag (NL)

Fertigstellung
1994

Erschließungstyp
1-Spänner

Anzahl Geschosse
4

Anzahl Wohneinheiten
19

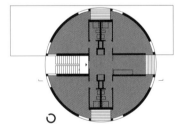

Lageplan, M 1:10 000
Schnitt, M 1:500
Grundriss, M 1:500

[014]

Bearth & Deplazes
Architekten
Fanas (CH)

Fertigstellung
1999

Erschließungstyp
direkt

Anzahl Geschosse
2

Anzahl Wohneinheiten
1

Lageplan, M 1:10 000
Schnitt, M 1:500
Grundriss, M 1:500

Projekte

[015]

Christian Kerez
Burenweg
Zürich (CH)

Fertigstellung
2007

Erschließungstyp
direkt

Anzahl Geschosse
3

Anzahl Wohneinheiten
2

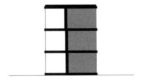

Lageplan, M 1:10 000
Schnitt, M 1:500
Grundriss, M 1:500

[016]

Lederer + Ragnarsdóttir + Oei
Besigheimer Straße
Stuttgart (DE)

Fertigstellung
2001

Erschließungstyp
Laubengang

Anzahl Geschosse
3-4

Anzahl Wohneinheiten
14

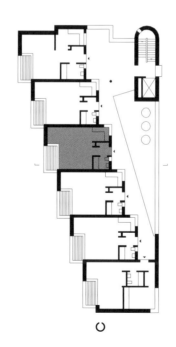

Lageplan, M 1:10 000
Schnitt, M 1:500
Grundriss, M 1:500

Projekte

[017]

Werner Wirsing
Connollystraße
München (DE)

Fertigstellung
1972

Erschließungstyp
direkt

Anzahl Geschosse
2

Anzahl Wohneinheiten
800

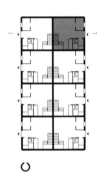

Lageplan, M 1:10 000
Schnitt, M 1:500
Grundriss, M 1:500

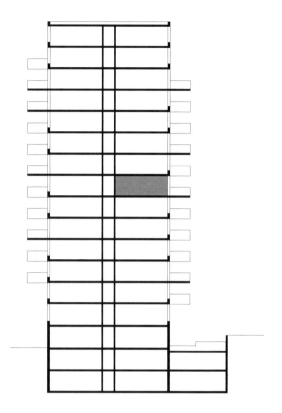

[018]

Steidle + Partner
Hans-Dürrmeier-Weg
München (DE)

Fertigstellung
2002

Erschließungstyp
Innengang

Anzahl Geschosse
15

Anzahl Wohneinheiten
66

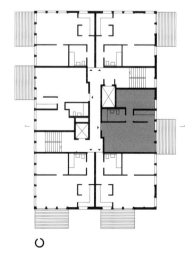

Lageplan, M 1:10 000
Schnitt, M 1:500
Grundriss, M 1:500

Projekte

[019]

Egon Eiermann
Bartningallee
Berlin (DE)

Fertigstellung
1961

Erschließungstyp
2-Spänner

Anzahl Geschosse
9

Anzahl Wohneinheiten
96

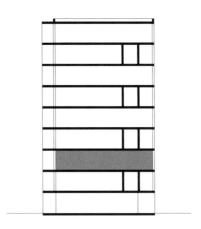

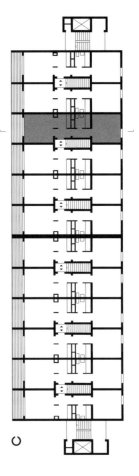

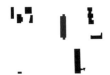

Lageplan, M 1:10 000
Schnitt, M 1:500
Grundriss, M 1:500

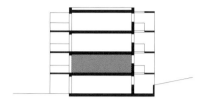

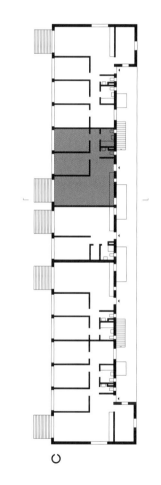

[020]

Kuhn Fischer Partner
Architekten
Widenstraße
Oberwil-Zug (CH)

Fertigstellung
1994

Erschließungstyp
Laubengang

Anzahl Geschosse
4

Anzahl Wohneinheiten
17

Lageplan, M 1:10 000
Schnitt, M 1:500
Grundriss, M 1:500

Projekte

[021]

Baumschlager Eberle
Mozartstraße
Dornbirn (AT)

Fertigstellung
1997

Erschließungstyp
3-Spänner

Anzahl Geschosse
5

Anzahl Wohneinheiten
38

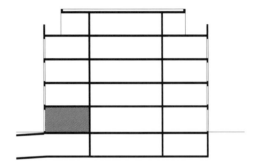

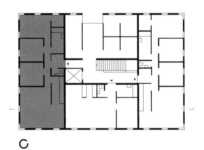

Lageplan, M 1:10 000
Schnitt, M 1:500
Grundriss, M 1:500

[022]

Brendeland & Kristoffersen
Arkitekter
Strandveien
Trondheim (NO)

Fertigstellung
2005

Erschließungstyp
direkt

Anzahl Geschosse
4

Anzahl Wohneinheiten
10

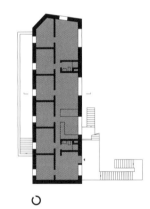

Lageplan, M 1:10 000
Schnitt, M 1:500
Grundriss, M 1:500

Projekte

[023]

Könz Molo und Barchi
Architekten
Via Agostino Maspoli
Mendriso (CH)

Fertigstellung
2006

Erschließungstyp
Laubengang

Anzahl Geschosse
4

Anzahl Wohneinheiten
18

Lageplan, M 1:10 000
Schnitt, M 1:500
Grundriss, M 1:500

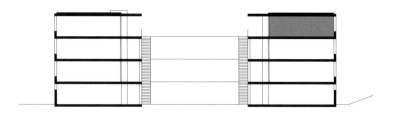

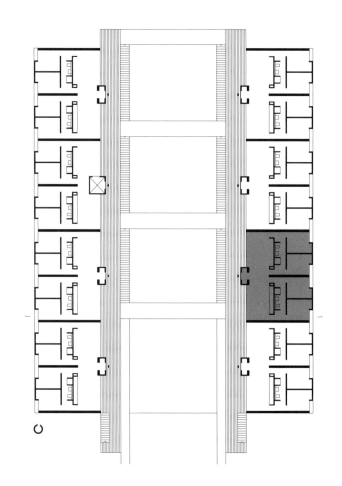

[024]

Haack + Höpfner Architekten und
Horden Cherry Lee
Architects
Grasmeierstraße
München (DE)

Fertigstellung
2005

Erschließungstyp
direkt

Anzahl Geschosse
1

Anzahl Wohneinheiten
7

Lageplan, M 1:10 000
Schnitt, M 1:500
Grundriss, M 1:500

Projekte

[025]

Johannes Kaufmann
mobiler Standort

Fertigstellung
2001

Erschließungstyp
direkt

Anzahl Geschosse
1

Anzahl Wohneinheiten
1

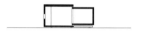

-

Lageplan, M 1:10 000
Schnitt, M 1:500
Grundriss, M 1:500

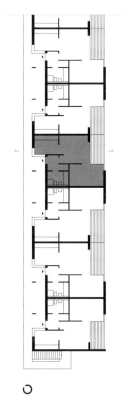

[026]

Beyer + Dier Architekten
Kronprinz-Rupprecht-
Straße
Ingolstadt (DE)

Fertigstellung
2003

Erschließungstyp
Laubengang

Anzahl Geschosse
3

Anzahl Wohneinheiten
30

Lageplan, M 1:10 000
Schnitt, M 1:500
Grundriss, M 1:500

Projekte

[027]

Fink + Jocher
Oheriedentrift/Feldbusch-
wende
Hannover (DE)

Fertigstellung
1999

Erschließungstyp
2-Spänner

Anzahl Geschosse
5

Anzahl Wohneinheiten
87

Lageplan, M 1:10 000
Schnitt, M 1:500
Grundriss, M 1:500

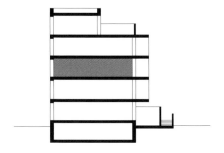

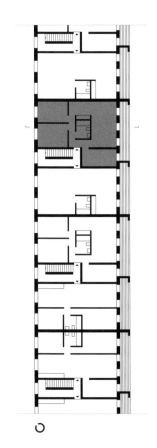

[028]

Miller & Maranta
Gellertstraße
Basel (CH)

Fertigstellung
2004

Erschließungstyp
2-Spänner

Anzahl Geschosse
8

Anzahl Wohneinheiten
31

Lageplan, M 1:10 000
Schnitt, M 1:500
Grundriss, M 1:500

Projekte

[029]

burkhalter sumi
architekten
Wehrenbachhalde
Zürich (CH)

Fertigstellung
2002

Erschließungstyp
1-Spänner

Anzahl Geschosse
3

Anzahl Wohneinheiten
10

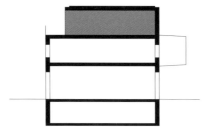

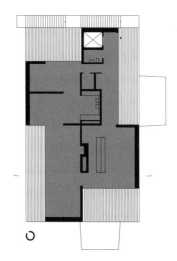

Lageplan, M 1:10 000
Schnitt, M 1:500
Grundriss, M 1:500

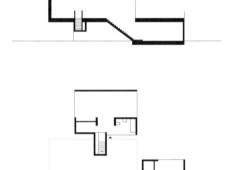

[030]

Allmann Sattler Wappner
Architekten
Georg-Kerschensteiner-
Straße
München (DE)

Fertigstellung
2005

Erschließungstyp
direkt

Anzahl Geschosse
2

Anzahl Wohneinheiten
1

Lageplan, M 1:10 000
Schnitt, M 1:500
Grundriss, M 1:500

Projekte

[031]

Beyer-Schubert Architekten
Alice-und Hella-Hirsch-Ring
Berlin (DE)

Fertigstellung
2001

Erschließungstyp
direkt

Anzahl Geschosse
4

Anzahl Wohneinheiten
16

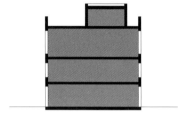

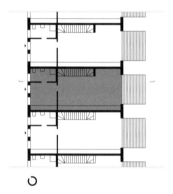

Lageplan, M 1:10 000
Schnitt, M 1:500
Grundriss, M 1:500

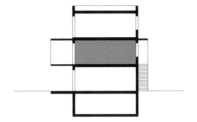

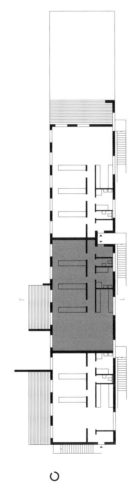

[032]

Baumschlager Eberle
Waldburgstraße
Nüziders (AT)

Fertigstellung
1996

Erschließungstyp
2-Spänner

Anzahl Geschosse
3

Anzahl Wohneinheiten
14

Lageplan, M 1:10 000
Schnitt, M 1:500
Grundriss, M 1:500

Projekte

[033]

Hasler Schlatter Partner
Trichtenhausenstraße
Zürich (CH)

Fertigstellung
2004

Erschließungstyp
4-Spänner

Anzahl Geschosse
5

Anzahl Wohneinheiten
73

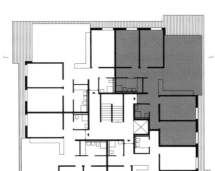

Lageplan, M 1:10 000
Schnitt, M 1:500
Grundriss, M 1:500

Helmut Wimmer
Grieshofgasse
Wien (AT)

Fertigstellung
1996

Erschließungstyp
2-Spänner

Anzahl Geschosse
5

Anzahl Wohneinheiten
9

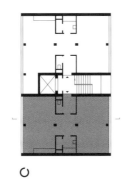

Lageplan, M 1:10 000
Schnitt, M 1:500
Grundriss, M 1:500

Projekte

[035]

Michael Alder
Störzbachstraße
Stuttgart (DE)

Fertigstellung
1993

Erschließungstyp
2-Spänner

Anzahl Geschosse
6

Anzahl Wohneinheiten
12

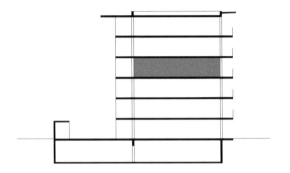

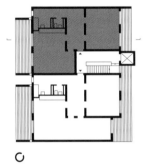

Lageplan, M 1:10 000
Schnitt, M 1:500
Grundriss, M 1:500

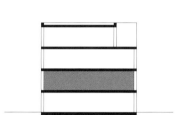

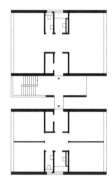

[036]

HPP Hentrich-Petschnigg
& Partner
Pfeffigerstraße
Leipzig (DE)

Fertigstellung
2000

Erschließungstyp
2-Spänner

Anzahl Geschosse
4

Anzahl Wohneinheiten
26

Lageplan, M 1:10 000
Schnitt, M 1:500
Grundriss, M 1:500

Projekte

[037]

Walter Stamm-Teske,
Schettler & Wittenberg
Lessingstraße
Weimar (DE)

Fertigstellung
1998

Erschließungstyp
direkt

Anzahl Geschosse
2

Anzahl Wohneinheiten
26

Lageplan, M 1:10 000
Schnitt, M 1:500
Grundriss, M 1:500

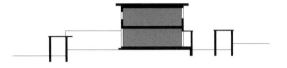

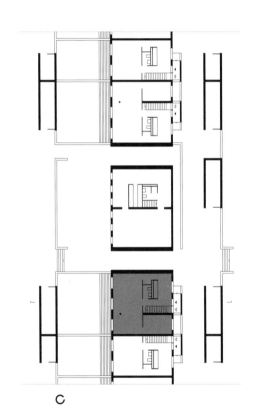

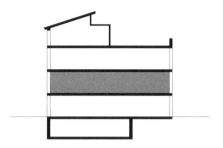

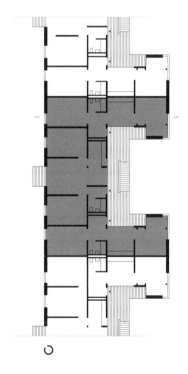

[038]

ADP Architekten
Hellmutstraße
Zürich (CH)

Fertigstellung
1991

Erschließungstyp
3-Spänner

Anzahl Geschosse
4

Anzahl Wohneinheiten
36

Lageplan, M 1:10 000
Schnitt, M 1:500
Grundriss, M 1:500

Projekte

[039]

Michael Alder
Friedhofweg
Riehen (CH)

Fertigstellung
1992

Erschließungstyp
direkt

Anzahl Geschosse
3

Anzahl Wohneinheiten
38

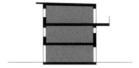

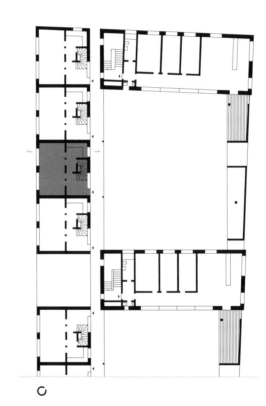

Lageplan, M 1:10 000
Schnitt, M 1:500
Grundriss, M 1:500

[040]

Bauart Architekten und
Planer
mobiler Standort

Fertigstellung
-

Erschließungstyp
direkt

Anzahl Geschosse
2

Anzahl Wohneinheiten
1

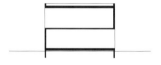

-

Lageplan, M 1:10 000
Schnitt, M 1:500
Grundriss, M 1:500

Projekte

[041]

Ryue Nishizawa
Ota Ku
Tokyo (JP)

Fertigstellung
2005

Erschließungstyp
direkt

Anzahl Geschosse
1-3

Anzahl Wohneinheiten
4

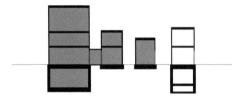

Lageplan, M 1:10 000
Schnitt, M 1:500
Grundriss, M 1:500

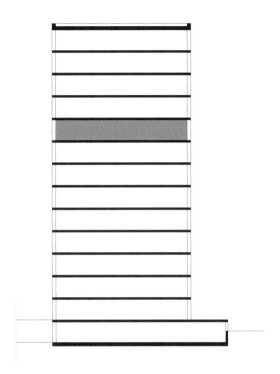

[042]

Xaveer de Geyter
Chassé Singel
Breda (NL)

Fertigstellung
2002

Erschließungstyp
1-Spänner

Anzahl Geschosse
13

Anzahl Wohneinheiten
143

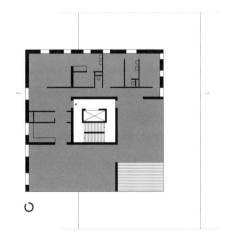

Lageplan, M 1:10 000
Schnitt, M 1:500
Grundriss, M 1:500

Projekte

[043]

Daniele Marques
Dreilindenstraße
Luzern (CH)

Fertigstellung
1999

Erschließungstyp
direkt

Anzahl Geschosse
3

Anzahl Wohneinheiten
4

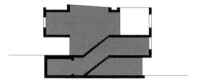

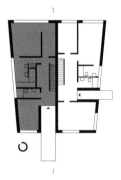

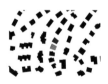

Lageplan, M 1:10 000
Schnitt, M 1:500
Grundriss, M 1:500

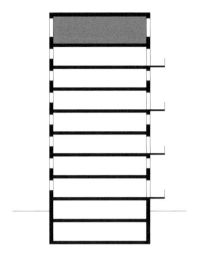

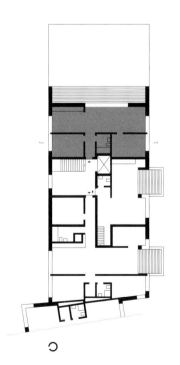

[044]

pool Architekten
Leimbachstraße
Zürich (CH)

Fertigstellung
2005

Erschließungstyp
3-Spänner

Anzahl Geschosse
6-8

Anzahl Wohneinheiten
119

Lageplan, M 1:10 000
Schnitt, M 1:500
Grundriss, M 1:500

Projekte

[045]

Thomas Müller Ivan
Reimann Architekten
Reichenbachstraße
Dresden (DE)

Fertigstellung
2004

Erschließungstyp
2-Spänner

Anzahl Geschosse
5

Anzahl Wohneinheiten
63

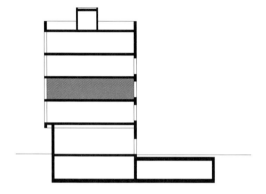

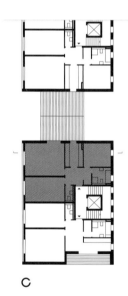

C

Lageplan, M 1:10 000
Schnitt, M 1:500
Grundriss, M 1:500

[046]

Norbert Post - Hartmut
Welters Architekten
Westender Weg
Herdecke (DE)

Fertigstellung
2000

Erschließungstyp
direkt

Anzahl Geschosse
2

Anzahl Wohneinheiten
45

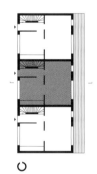

Lageplan, M 1:10 000
Schnitt, M 1:500
Grundriss, M 1:500

Projekte

[047]

Delugan Meissl
Associated Architects
Wimbergergasse
Wien (AT)

Fertigstellung
2001

Erschließungstyp
2-Spänner

Anzahl Geschosse
3-7

Anzahl Wohneinheiten
40

Lageplan, M 1:10 000
Schnitt, M 1:500
Grundriss, M 1:500

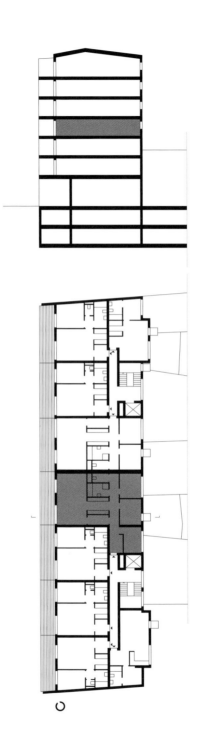

[048]

burkhalter sumi
architekten
Burgmattstraße
Laufenburg (CH)

Fertigstellung
1996

Erschließungstyp
Laubengang

Anzahl Geschosse
3

Anzahl Wohneinheiten
16

Lageplan, M 1:10 000
Schnitt, M 1:500
Grundriss, M 1:500

Projekte

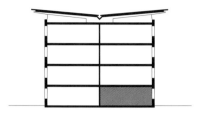

[049]

Fink + Jocher
Hans-Guggenmoser-Str.
Weilheim (DE)

Fertigstellung
1995

Erschließungstyp
2-Spänner

Anzahl Geschosse
4

Anzahl Wohneinheiten
23

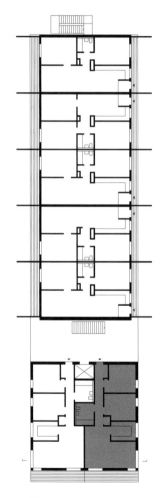

Lageplan, M 1:10 000
Schnitt, M 1:500
Grundriss, M 1:500

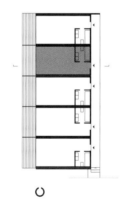

[050]

Johannes Kaufmann
Brugg
Bezau (AT)

Fertigstellung
1998

Erschließungstyp
Laubengang

Anzahl Geschosse
3

Anzahl Wohneinheiten
10

Lageplan, M 1:10 000
Schnitt, M 1:500
Grundriss, M 1:500

Projekte

[051]

Francis Soler
Cité Saint Chaumont
Paris (FR)

Fertigstellung
1993

Erschließungstyp
direkt

Anzahl Geschosse
5

Anzahl Wohneinheiten
17

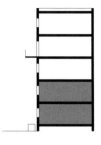

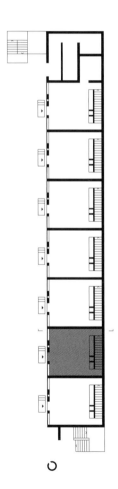

Lageplan, M 1:10 000
Schnitt, M 1:500
Grundriss, M 1:500

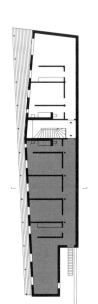

[052]

Herzog & de Meuron
Hebelstraße
Basel (CH)

Fertigstellung
1988

Erschließungstyp
2-Spänner

Anzahl Geschosse
3

Anzahl Wohneinheiten
6

Lageplan, M 1:10 000
Schnitt, M 1:500
Grundriss, M 1:500

Projekte

[053]

Herzog & de Meuron
Schützenmattstraße
Basel (CH)

Fertigstellung
1993

Erschließungstyp
1-Spänner

Anzahl Geschosse
7

Anzahl Wohneinheiten
4

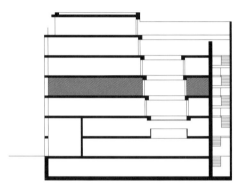

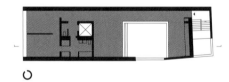

Lageplan, M 1:10 000
Schnitt, M 1:500
Grundriss, M 1:500

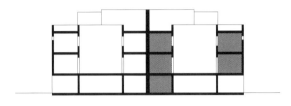

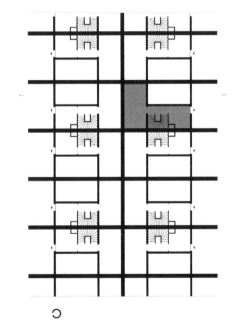

[054]

Walter Stelzhammer
Ziedlergasse
Wien (AT)

Fertigstellung
1999

Erschließungstyp
direkt

Anzahl Geschosse
4

Anzahl Wohneinheiten
42

Lageplan, M 1:10 000
Schnitt, M 1:500
Grundriss, M 1:500

Projekte

[055]

MVRDV
Bottgerwater
Den Haag (NL)

Fertigstellung
2001

Erschließungstyp
direkt

Anzahl Geschosse
2

Anzahl Wohneinheiten
48

Lageplan, M 1:10 000
Schnitt, M 1:500
Grundriss, M 1:500

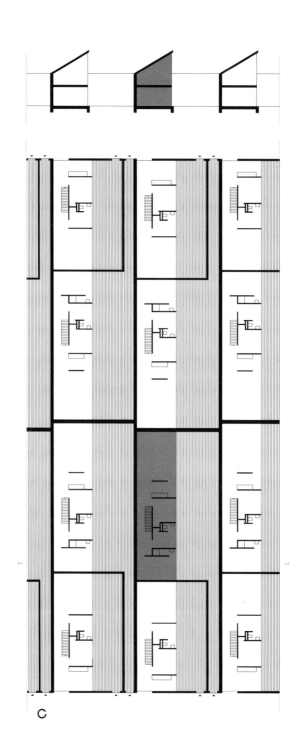

[056]

Riegler Riewe
Bahnhofstrasse
Graz (AT)

Fertigstellung
1994

Erschließungstyp
2-Spänner

Anzahl Geschosse
3

Anzahl Wohneinheiten
27

Lageplan, M 1:10 000
Schnitt, M 1:500
Grundriss, M 1:500

Projekte

[057]

BKK-3
Goldschlagstrasse
Wien (AT)

Fertigstellung
2000

Erschließungstyp
Laubengang

Anzahl Geschosse
9

Anzahl Wohneinheiten
39

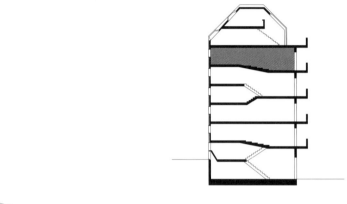

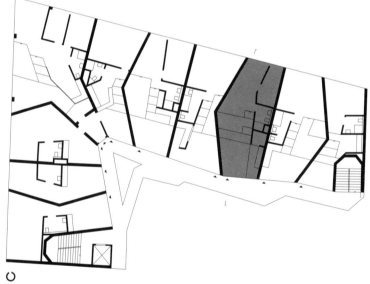

Lageplan, M 1:10 000
Schnitt, M 1:500
Grundriss, M 1:500

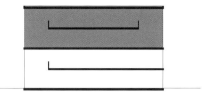

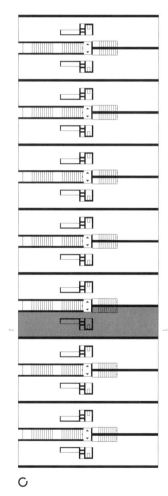

[058]

Bosch Architecten
Bezaanjachtplein
Amsterdam (NL)

Fertigstellung
1994

Erschließungstyp
2-Spänner

Anzahl Geschosse
4

Anzahl Wohneinheiten
28

Lageplan, M 1:10 000
Schnitt, M 1:500
Grundriss, M 1:500

Projekte

[059]

Joachim Wendt
Rückertstraße
Darmstadt (DE)

Fertigstellung
2004

Erschließungstyp
direkt

Anzahl Geschosse
3

Anzahl Wohneinheiten
1

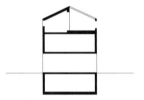

Lageplan, M 1:10 000
Schnitt, M 1:500
Grundriss, M 1:500

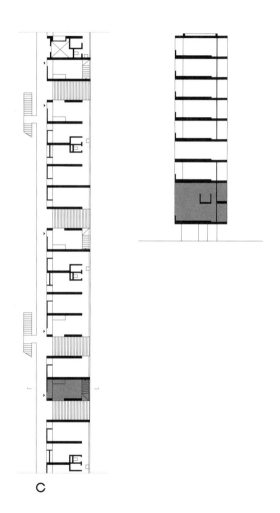

C

[060]

Kazuyo Sejima
Kitagata
Gifu (JP)

Fertigstellung
1998

Erschließungstyp
Laubengang

Anzahl Geschosse
9

Anzahl Wohneinheiten
107

Lageplan, M 1:10 000
Schnitt, M 1:500
Grundriss, M 1:500

Projekte

[061]

Theo Hotz
Buchgrindelstraße
Zürich (CH)

Fertigstellung
1985

Erschließungstyp
2-Spänner

Anzahl Geschosse
4

Anzahl Wohneinheiten
24

Lageplan, M 1:10 000
Schnitt, M 1:500
Grundriss, M 1:500

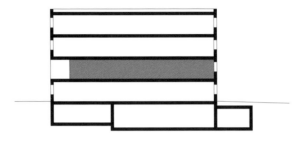

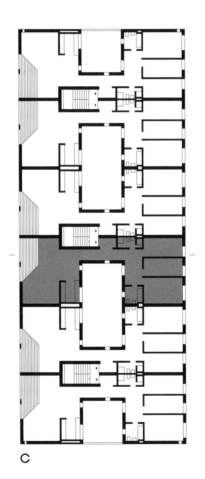

C

Burkard Meyer
Architekten
Martinsbergstraße
Baden (CH)

Fertigstellung
2003

Erschließungstyp
1-Spänner

Anzahl Geschosse
4

Anzahl Wohneinheiten
12

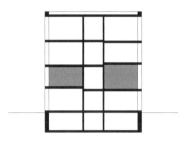

Lageplan, M 1:10 000
Schnitt, M 1:500
Grundriss, M 1:500

Projekte

[063]

Gigon/Guyer Architekten
Carmenstraße
Zürich (CH)

Fertigstellung
2002

Erschließungstyp
2-Spänner

Anzahl Geschosse
2 - 5

Anzahl Wohneinheiten
48

Lageplan, M 1:10 000
Schnitt, M 1:500
Grundriss, M 1:500

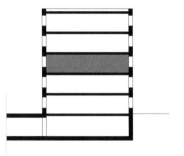

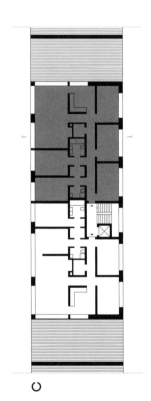

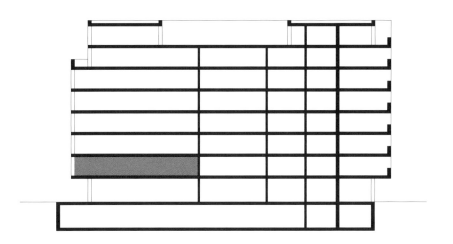

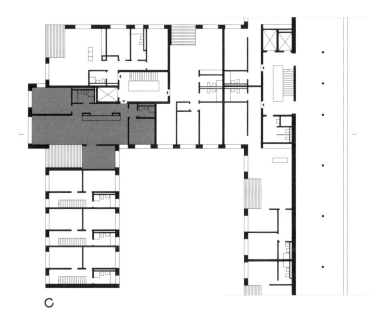

C

[064]

A.D.P. Walter Ramseier
Hohlstraße
Zürich (CH)

Fertigstellung
2007

Erschließungstyp
3-Spänner

Anzahl Geschosse
8

Anzahl Wohneinheiten
126

Lageplan, M 1:10 000
Schnitt, M 1:500
Grundriss, M 1:500

Projekte

[065]

Ken Architekten
Vorsässstraße
Ennetmoos (CH)

Fertigstellung
2007

Erschließungstyp
direkt

Anzahl Geschosse
2

Anzahl Wohneinheiten
1

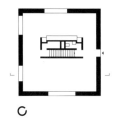

Lageplan, M 1:10 000
Schnitt, M 1:500
Grundriss, M 1:500

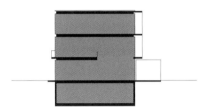

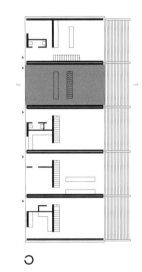

[066]

AV1 Architekten
Betzenberg
Kaiserslautern (DE)

Fertigstellung
2000

Erschließungstyp
direkt

Anzahl Geschosse
3

Anzahl Wohneinheiten
5

Lageplan, M 1:10 000
Schnitt, M 1:500
Grundriss, M 1:500

Projekte

[067]

Burkard Meyer
Architekten
Mellingerstraße
Baden (CH)

Fertigstellung
2006

Erschließungstyp
Laubengang

Anzahl Geschosse
5

Anzahl Wohneinheiten
14

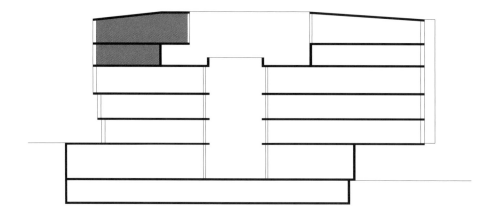

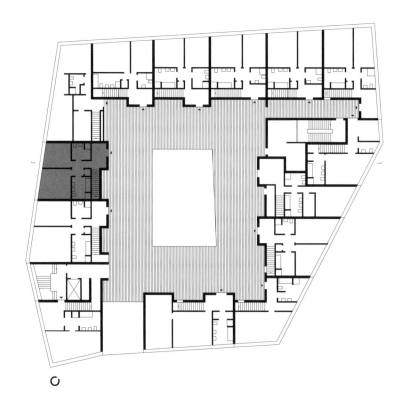

Lageplan, M 1:10 000
Schnitt, M 1:500
Grundriss, M 1:500

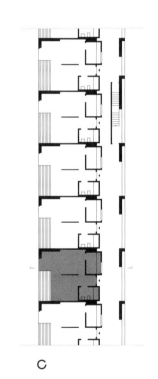

C

[068]

Peter Zumthor
Cadonaustraße
Chur (CH)

Fertigstellung
1993

Erschließungstyp
Laubengang

Anzahl Geschosse
2

Anzahl Wohneinheiten
21

Lageplan, M 1:10 000
Schnitt, M 1:500
Grundriss, M 1:500

Projekte

[069]

Walter Stamm-Teske,
AFF Architekten
Albrecht-Dürer-Straße
Weimar (DE)

Fertigstellung
2002

Erschließungstyp
direkt

Anzahl Geschosse
3

Anzahl Wohneinheiten
4

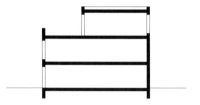

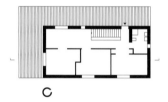

Lageplan, M 1:10 000
Schnitt, M 1:500
Grundriss, M 1:500

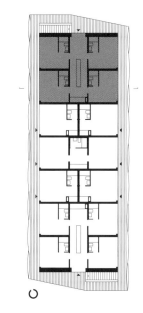

[070]

Fink + Jocher
Enzianstraße
Garching (DE)

Fertigstellung
2005

Erschließungstyp
Laubengang

Anzahl Geschosse
4

Anzahl Wohneinheiten
56

Lageplan, M 1:10 000
Schnitt, M 1:500
Grundriss, M 1:500

Projekte

[071]

Shigeru Ban
Saitama
Kawagoe (JP)

Fertigstellung
2000

Erschließungstyp
direkt

Anzahl Geschosse
1

Anzahl Wohneinheiten
1

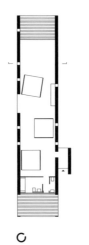

Lageplan, M 1:10 000
Schnitt, M 1:500
Grundriss, M 1:500

[072]

Adolf Krischanitz
Oskar-Simony-Straße
Wien (AT)

Fertigstellung
2008

Erschließungstyp
2-Spänner

Anzahl Geschosse
3

Anzahl Wohneinheiten
6

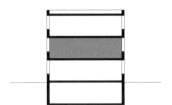

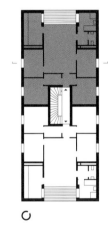

Lageplan, M 1:10 000
Schnitt, M 1:500
Grundriss, M 1:500

Projekte

[073]

Le Corbusier
Boulevard Michelet
Marseille (FR)

Fertigstellung
1952

Erschließungstyp
Innengang

Anzahl Geschosse
17

Anzahl Wohneinheiten
337

Lageplan, M 1:10 000
Schnitt, M 1:500
Grundriss, M 1:500

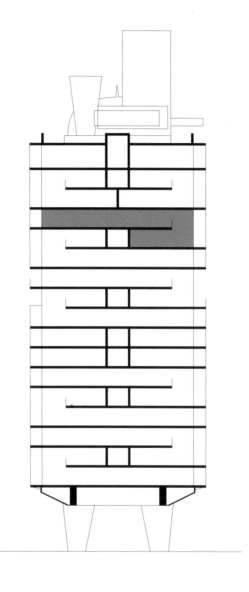

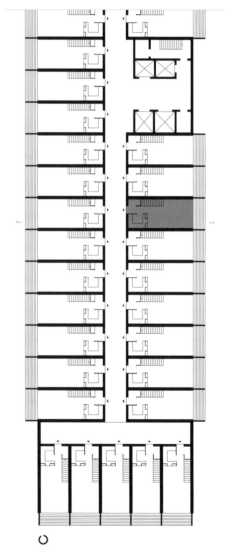

[074]

Shigeru Ban
Izu
Shizuoka (JP)

Fertigstellung
2002

Erschließungstyp
direkt

Anzahl Geschosse
2

Anzahl Wohneinheiten
1

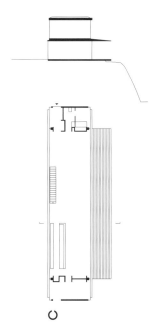

Lageplan, M 1:10 000
Schnitt, M 1:500
Grundriss, M 1:500

Projekte

[075]

blauraum Architekten
Bogenallee
Hamburg (DE)

Fertigstellung
2004

Erschließungstyp
2-Spänner

Anzahl Geschosse
4

Anzahl Wohneinheiten
15

Lageplan, M 1:10 000
Schnitt, M 1:500
Grundriss, M 1:500

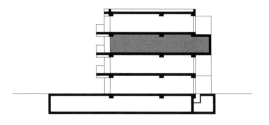

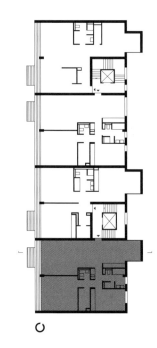

[076]

Atelier 5
Brüggbühlstraße
Niederwangen (CH)

Fertigstellung
1990

Erschließungstyp
direkt

Anzahl Geschosse
4

Anzahl Wohneinheiten
93

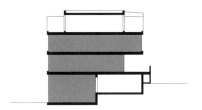

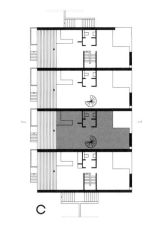

C

Lageplan, M 1:10 000
Schnitt, M 1:500
Grundriss, M 1:500

Projekte

[077]

Engelen Moore
Barcom Avenue
Sydney (AU)

Fertigstellung
2002

Erschließungstyp
direkt

Anzahl Geschosse
5

Anzahl Wohneinheiten
25

Lageplan, M 1:10 000
Schnitt, M 1:500
Grundriss, M 1:500

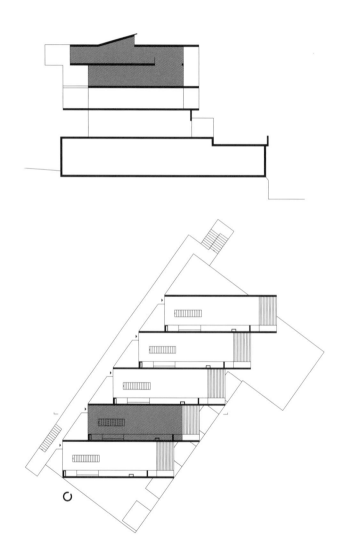

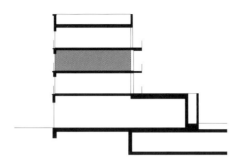

[078]

Rapp + Rapp
Centrum Ypenburg
Den Haag (NL)

Fertigstellung
2006

Erschließungstyp
Laubengang

Anzahl Geschosse
4-13

Anzahl Wohneinheiten
486

Lageplan, M 1:10 000
Schnitt, M 1:500
Grundriss, M 1:500

Projekte

[079]

Max Dudler
Kirchgasse
Zürich (CH)

Fertigstellung
2004

Erschließungstyp
Innengang

Anzahl Geschosse
5

Anzahl Wohneinheiten
45

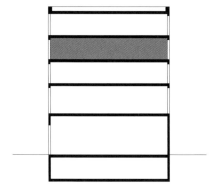

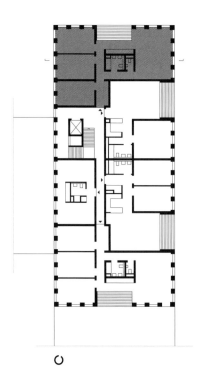

Lageplan, M 1:10 000
Schnitt, M 1:500
Grundriss, M 1:500

[080]

03 München
Nackstraße
Mainz (DE)

Fertigstellung
2005

Erschließungstyp
direkt

Anzahl Geschosse
3-7

Anzahl Wohneinheiten
31

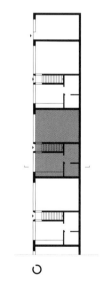

Lageplan, M 1:10 000
Schnitt, M 1:500
Grundriss, M 1:500

Projekte

[081]

Michael Alder
Friedhofweg
Riehen (CH)

Fertigstellung
1992

Erschließungstyp
1-Spänner

Anzahl Geschosse
3

Anzahl Wohneinheiten
38

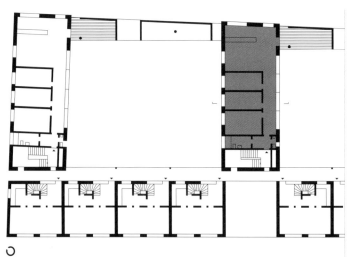

Lageplan, M 1:10 000
Schnitt, M 1:500
Grundriss, M 1:500

[082]

Kollhoff & Timmermann
Architekten
Malchower Weg
Berlin (DE)

Fertigstellung
1994

Erschließungstyp
2-Spänner

Anzahl Geschosse
4

Anzahl Wohneinheiten
128

Lageplan, M 1:10 000
Schnitt, M 1:500
Grundriss, M 1:500

Projekte

[083]

Alvar Aalto
Klopstockstraße
Berlin (DE)

Fertigstellung
1957

Erschließungstyp
5-Spänner

Anzahl Geschosse
8

Anzahl Wohneinheiten
78

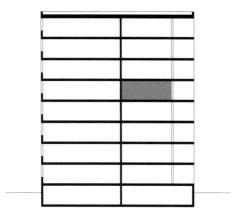

Lageplan, M 1:10 000
Schnitt, M 1:500
Grundriss, M 1:500

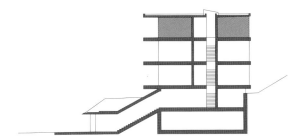

[084]

Christian Kerez
Forsterstraße
Zürich (CH)

Fertigstellung
2003

Erschließungstyp
1-Spänner

Anzahl Geschosse
4

Anzahl Wohneinheiten
5

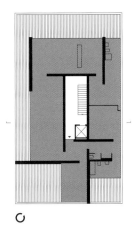

Lageplan, M 1:10 000
Schnitt, M 1:500
Grundriss, M 1:500

Projekte

[085]

Zimmermann Leber
Feilberg Architekten
Herta-Mansbacher-Straße
Darmstadt (DE)

Fertigstellung
2004

Erschließungstyp
direkt

Anzahl Geschosse
3

Anzahl Wohneinheiten
33

Lageplan, M 1:10 000
Schnitt, M 1:500
Grundriss, M 1:500

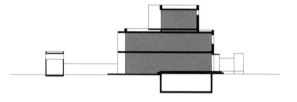

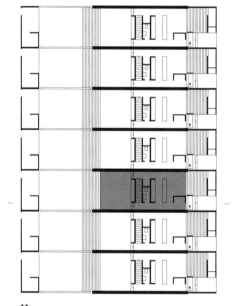

[086]

Straub Beutin Architekten
Kreutzerweg
Berlin (DE)

Fertigstellung
2001

Erschließungstyp
direkt

Anzahl Geschosse
4

Anzahl Wohneinheiten
2

Lageplan, M 1:10 000
Schnitt, M 1:500
Grundriss, M 1:500

Projekte

[087]

dmsw
Albertinenstraße
Berlin (DE)

Fertigstellung
2006

Erschließungstyp
direkt

Anzahl Geschosse
3

Anzahl Wohneinheiten
4

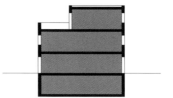

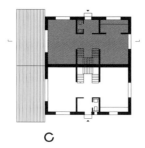

Lageplan, M 1:10 000
Schnitt, M 1:500
Grundriss, M 1:500

[088]

Rijnvos Voorwinde
Architecten
Voltstraat
Tilburg (NL)

Fertigstellung
1997

Erschließungstyp
direkt

Anzahl Geschosse
3

Anzahl Wohneinheiten
7

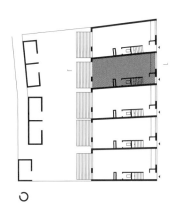

Lageplan, M 1:10 000
Schnitt, M 1:500
Grundriss, M 1:500

Projekte

[089]

Scheuring und Partner
Lohrbergstraße
Köln (DE)

Fertigstellung
1995

Erschließungstyp
direkt

Anzahl Geschosse
5

Anzahl Wohneinheiten
1

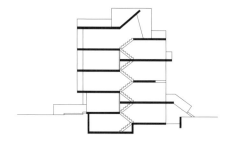

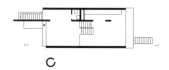

Lageplan, M 1:10 000
Schnitt, M 1:500
Grundriss, M 1:500

[090]

Baumschlager Eberle
Kapellenweg
Feldkirch (AT)

Fertigstellung
1996

Erschließungstyp
4-Spänner

Anzahl Geschosse
3

Anzahl Wohneinheiten
36

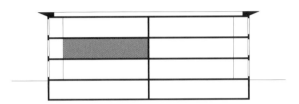

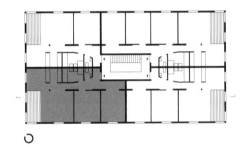

Lageplan, M 1:10 000
Schnitt, M 1:500
Grundriss, M 1:500

Projekte

[091]

Popp Planungen
Choriner Straße
Berlin (DE)

Fertigstellung
1998

Erschließungstyp
2-Spänner

Anzahl Geschosse
7

Anzahl Wohneinheiten
24

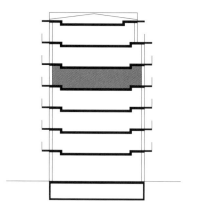

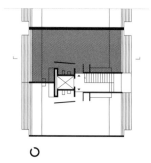

Lageplan, M 1:10 000
Schnitt, M 1:500
Grundriss, M 1:500

Hauenstein, La Roche,
Schedler Architekten
Kanzleistraße
Zürich (CH)

Fertigstellung
2004

Erschließungstyp
1-Spänner

Anzahl Geschosse
6

Anzahl Wohneinheiten
5

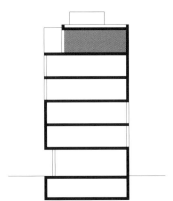

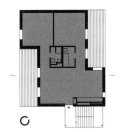

Lageplan, M 1:10 000
Schnitt, M 1:500
Grundriss, M 1:500

Projekte

[093]

Martin Spühler mit David
Munz und Bruno Senn
Sihlamtstraße
Zürich (CH)

Fertigstellung
1995

Erschließungstyp
2-Spänner

Anzahl Geschosse
5

Anzahl Wohneinheiten
64

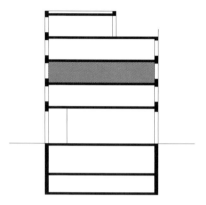

Lageplan, M 1:10 000
Schnitt, M 1:500
Grundriss, M 1:500

[094]

Roland Rainer
Mittelpromenade
Puchenau (AT)

Fertigstellung
1977

Erschließungstyp
direkt

Anzahl Geschosse
1

Anzahl Wohneinheiten
750

Lageplan, M 1:10 000
Schnitt, M 1:500
Grundriss, M 1:500

Projekte

[095]

Josep Lluis Mateo
Borneokade
Amsterdam (NL)

Fertigstellung
2000

Erschließungstyp
direkt

Anzahl Geschosse
3

Anzahl Wohneinheiten
26

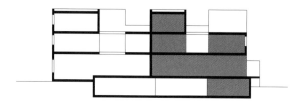

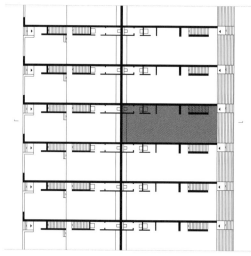

Lageplan, M 1:10 000
Schnitt, M 1:500
Grundriss, M 1:500

[096]

Tadao Ando
Sumiyoshi
Osaka (JP)

Fertigstellung
1975

Erschließungstyp
direkt

Anzahl Geschosse
2

Anzahl Wohneinheiten
1

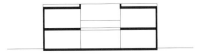

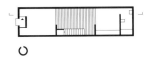

Lageplan, M 1:10 000
Schnitt, M 1:500
Grundriss, M 1:500

Projekte

[097]

Le Corbusier
Rue Saint-Laurent
Genf (CH)

Fertigstellung
1932

Erschließungstyp
2-Spänner

Anzahl Geschosse
8

Anzahl Wohneinheiten
45

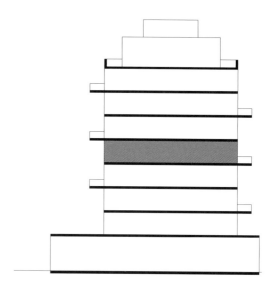

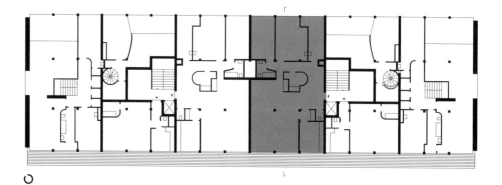

Lageplan, M 1:10 000
Schnitt, M 1:500
Grundriss, M 1:500

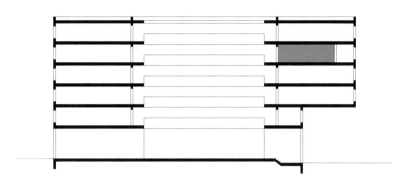

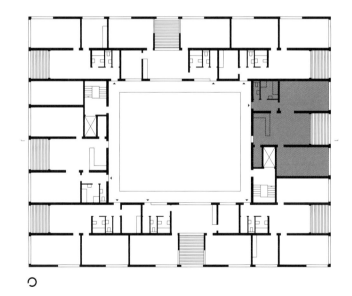

[098]

Diener & Diener
KNSM Laan
Amsterdam (NL)

Fertigstellung
2000

Erschließungstyp
Laubengang

Anzahl Geschosse
6

Anzahl Wohneinheiten
45

Lageplan, M 1:10 000
Schnitt, M 1:500
Grundriss, M 1:500

Projekte

[099]

Fritz Haller
Buchliweg
Münsingen (CH)

Fertigstellung
1969

Erschließungstyp
direkt

Anzahl Geschosse
2

Anzahl Wohneinheiten
1

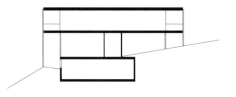

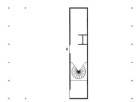

Lageplan, M 1:10 000
Schnitt, M 1:500
Grundriss, M 1:500

[100]

Helmut Wimmer
Kanalstraße
Wien (AT)

Fertigstellung
1999

Erschließungstyp
1-Spänner

Anzahl Geschosse
3

Anzahl Wohneinheiten
36

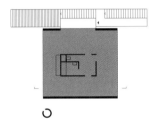

Lageplan, M 1:10 000
Schnitt, M 1:500
Grundriss, M 1:500

[101]

Jean Nouvel
Avenue de General
Nimes (FR)

Fertigstellung
1987

Erschließungstyp
Laubengang

Anzahl Geschosse
5

Anzahl Wohneinheiten
114

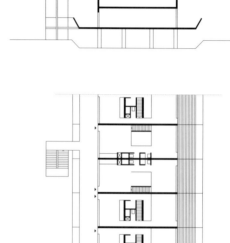

Lageplan, M 1:10 000
Schnitt, M 1:500
Grundriss, M 1:500

1   Statistische Ämter des Bundes und der Länder,
    Demografischer Wandel in Deutschland, Heft 1,
    Wiesbaden 2007, S. 8/S. 19
2   Ebd. S. 23
3   www.schader-stiftung.de/wohn_wandel/849.php
    (16.03.09, 17:03)
4   Statistisches Bundesamt, Entwicklung der Privat-
    haushalte bis 2025. Ergebnisse der Haushaltsvor-
    ausberechnung 2007, Wiesbaden 2007
5   Statistisches Bundesamt, Leben in Deutschland,
    Ergebnisse des Mikrozensus 2005, Wiesbaden
    2006, S. 8
6   Statistisches Bundesamt, Zuhause in Deutschland,
    Wiesbaden 2009, S. 23
7   Statistisches Bundesamt, Bruttoanlagevermögen
    nach Vermögensarten, Februar 2009
8   Statistisches Bundesamt, Fachserie 5, Reihe 3,
    Bautätigkeit und Wohnungen, Wiesbaden 2008
9   Bundesamt für Bauwesen und Raumordnung,
    Wohnungs- und Immobilienmärkte 2006 – Kurzfas-
    sung, Bonn 2007, S. 13
10 Statistisches Bundesamt, Baugewerbe in Deutsch-
    land, Unternehmen, Beschäftigte, Umsatz und Inves-
    titionen im Baugewerbe
11 Bundesamt für Bauwesen und Raumordnung (BBR),
    Wohnungsprognose 2015, Bonn 2001, S. 57
12 Institut für Städtebau (ifs), Wohnungsbau und Bau-
    sparwesen e.V., Hausbau Informationen, Folge
    15/2008, Berlin 2008
13 Statistisches Bundesamt, Fachserie 5, Reihe 3,
    Bautätigkeit und Wohnungen, Wiesbaden 2008
14 Ebd.
15 Institut für Städtebau, Wohnungsbau und Bauspar-
    wesen e.V. (ifs), Hausbau Informationen, Folge
    15/2008, Berlin 2008
16 www.lbs.de/microsite-presse/lbs-research
    (17.03.09, 22:00)
17 Statistisches Bundesamt, Auszug aus Wirtschaft und
    Statistik - Preisentwicklungen in der Bauwirtschaft,
    Wiesbaden 2008, S. 3
18 Statistisches Bundesamt, Wohnsituation in Deutsch-
    land 2006, Wiesbaden 2008, S. 118
19 Statistisches Bundesamt, Pressemitteilung Nr. 398
    vom 22.09.2005, Wiesbaden 2005
20 www.mnp.nl/edgar, Emission Database for Global
    Atmospheric Research (24.03.09,11:49)
21 Institut für Städtebau (ifs), Wohnungsbau und
    Bausparwesen e.V., Hausbau Informationen, Folge
    24/2008

22 Statistisches Bundesamt, Auszug aus Wirtschaft und
    Statistik, Nutzung der Bodenfläche, Wiesbaden
    2006, S. 5
23 Institut für Massivbau, TU-Darmstadt, Gegenüber-
    stellung Massivhaus/Holzelementbauweise
    – Ökobilanzstudie, Dezember 2006
24 Econum GmbH St.-Gallen (Hrsg.), Graue Energie von
    Baustoffen, 2. Auflage, 1998
25 Statistisches Bundesamt, Baugenehmigungen/
    Baufertigstellungen – Lange Reihen z.T. ab 1960,
    Wiesbaden 2008
26 Bundesamt für Bauwesen und Raumordnung (BBR),
    Wohnungs- und Immobilienmärkte in Deutschland
    2006 – Kurzfassung, Bonn 2007, S. 13
27 Ebd.
28 Institut für Städtebau, Wohnungsbau und Bauspar-
    wesen e.V. (ifs), Hausbau-Informationen, Folge
    13/2008, Berlin 2008
29 Bundesamt für Bauwesen und Raumordnung (BBR),
    Wohnungs- und Immobilienmärkte in Deutschland
    2006 – Kurzfassung, Bonn 2007, S. 13
30 Ebd.
31 Ebd.
32 Statistisches Bundesamt, Fachserie 5, Reihe 3,
    Bautätigkeit und Wohnungen, Wiesbaden 2008
33 Bundesamt für Bauwesen und Raumordnung
    (BBR), Wohnungs- und Immobilienmärkte in
    Deutschland 2006 – Kurzfassung, Bonn 2007, S. 13
34 Institut für Städtebau, Wohnungsbau und Bauspar-
    wesen e.V. (ifs), Hausbau-Informationen, Folge
    15/2008, Berlin 2008
35 Statistisches Bundesamt, Verkehr in Deutschland,
    Wiesbaden 2006, S. 23
36 Statistische Ämter des Bundes und der Länder,
    demografischer Wandel - Bevölkerungs- und
    Haushaltsentwicklung im Bund und in den Ländern,
    Wiesbaden 2007, S. 30

Bildnachweis

Ortsregister

Walter Stamm-Teske (Zürich, 1948)
Architekt, Prof. Mag. Arch, Inhaber der Professur Entwerfen und Wohnungsbau,
Fakultät Architektur, Bauhaus-Universität Weimar, freier Architekt
walter.stamm-teske@uni-weimar.de

Katja Fischer (Gera, 1978)
Dipl.-Ing., wissenschaftliche Mitarbeiterin an der Professur Entwerfen und Wohnungsbau,
Fakultät Architektur, Bauhaus-Universität Weimar, Büroinhaberin A21 architekten
katja.fischer@uni-weimar.de

Tobias Haag (Konstanz, 1971)
Architekt, Dipl.-Ing., wissenschaftlicher Mitarbeiter an der Professur Entwerfen und Wohnungsbau, Fakultät Architektur, Bauhaus-Universität Weimar, Büroinhaber A21 architekten
tobias.haag@uni-weimar.de

Im Rahmen der Entwicklung des Buchs wurden von uns mehrere Seminare an der Bauhaus-Universität Weimar veranstaltet, die sich in verschiedener Form mit den betrachteten
Inhalten auseinandersetzten. Gemeinsame Grundlage war die intensive Recherche zu zahlreichen Referenzprojekten und deren zeichnerische Aufbereitung. Die hierüber entstandene
Sammlung von fast 300 Projekten diente als Quelle für die Auswahl geeigneter Beispiele
im Buch. Den über 100 Seminarteilnehmern, die damit die Grundlage für das Buch erstellt
haben, sei an dieser Stelle ausdrücklich für ihre wertvolle Arbeit gedankt. Zusätzlich zu den
Seminarteilnehmern haben uns mehrere wissenschaftliche Hilfskräfte bei dem Projekt un-
terstützt. Insbesondere bei Katrin Plescher und Leopold Mücke sowie Lena Heinkele, Arne
Kessler und Falk Merten möchten wir uns für ihre professionelle Mitarbeit bedanken.